SHANGHAI
HUI ZHAN YE
FA ZHAN
BAO GAO

上海会展业发展报告

（2022）

名誉主编 / 陈先进
主　　编 / 桑敬民
副 主 编 / 屠建卿

ANNUAL REPORT ON THE DEVELOPMENT OF

SHANGHAI CONVENTION AND EXHIBITION INDUSTRY (2022)

上海科学技术文献出版社
Shanghai Scientific and Technological Literature Press

图书在版编目（CIP）数据

上海会展业发展报告 . 2022/ 桑敬民主编 . —上海：上海科学技术文献出版社，2022
ISBN 978-7-5439-8629-9

Ⅰ.①上… Ⅱ.①桑… Ⅲ.①展览会—产业发展—研究报告—上海—2022 Ⅳ.① G245

中国版本图书馆 CIP 数据核字（2022）第 127430 号

责任编辑：祝静怡
封面设计：袁　力

上海会展业发展报告（2022）
SHANGHAI HUIZHANYE FAZHAN BAOGAO (2022)
名誉主编　陈先进　主编　桑敬民　副主编　屠建卿
出版发行：上海科学技术文献出版社
地　　址：上海市长乐路 746 号
邮政编码：200040
经　　销：全国新华书店
印　　刷：常熟市人民印刷有限公司
开　　本：720mm×1000mm　1/16
印　　张：10.25
字　　数：132 000
版　　次：2022 年 9 月第 1 版　2022 年 9 月第 1 次印刷
书　　号：ISBN 978-7-5439-8629-9
定　　价：68.00 元
http://www.sstlp.com

序　言

创新价值，共同发展

长风破浪，化钝为利。

伴随全球新型冠状病毒肺炎（以下简称"新冠"）疫情持续两年的阶段性常态化，上海会展业、会展产业链上下游企业遭遇了前所未有的打击。然而，挑战中孕育着机遇，在上海市商务委员会等主管部门的指导下，上海会展业正在积极创新服务模式，重新思考并创造展览的新价值，展示出上海会展业不屈的精神。

受限于疫情防控的要求，上海会展业在2021年举步维艰，经历了五大阶段：一是2021年元旦至3月16日首次停摆阶段。二是3月17日—8月2日的复展阶段。三是8月3日—10月8日第二次停摆阶段。四是10月9日—11月11日的"有限复展"阶段。五是11月12日—12月底的第三次停摆阶段。

2021年，上海共举办各类展览活动542个，同比减少1.46%，举办总面积1 086.02万平方米。其中，举办国际展142个，展览面积932.84万平方米，同比增长6.76%；举办国内展341个，展览面积122.63万平方米，同比减少26.47%；举办会议活动59个，面积合计30.55万平方米。

国际展中，举办规模超过10万平方米的展览数量31个，展览面积达594.45万平方米，占全市总展出面积的58.30%。其中，30万平方米以上规模的展览数量6个，展出规模达208.91万平方米，占全市总展出面积的20.49%。

在艰难的条件下，上海会展业可谓交出了相当不易的成绩单。在此基础上，上海市会展行业协会在上海市商务委员会等主管部门的指导下，带领会员单位，及时总结，分享探索发展的经验，为上海会展业发展提供启迪。这也是编写《上海会展业发展报告（2022）》的初衷。

本报告以上海市商务委员会顾军主任的文章为开篇，阐述上海市政府及相关主管部门，统筹建立疫情防控机制下的有序办展，不断创新会展模式，放大中国国际进口博览会（以下简称"进博会"）溢出效应，推动上海会展业高质量发展的有效举措。同时梳理了2021年上海会展业求生存谋发展的探索经验，记录了上海会展业积极统筹应对挑战，继续完善常态化抗疫前提下的安全办展机制的历程，展现了上海会展业的责任与担当。

2022年，上海会展业再度受到新冠疫情的重创。上海市会展行业协会将在上海市商务委的指导下，积极为会员单位纾困解难，重点并及时推动防控保障下的复展复工，建立防疫与开展两不误的常态化办展模式。

下一步会展行业还将坚定不移地围绕"十四五期间"上海全面建成国际会展之都的目标，推动会展业高质量发展。在恢复上海会展业生机的同时，构建具有引领性的会展标准体系，加快数字化转型，促进"线上+线下"展会的融合发展，推动展会发展模式不断创新。

逆境须同顺境宽，熟仁坚志这中观。

上海会展业将坚韧不拔，砥砺前行，携手共创会展业的新价值，走进会展业的新发展时代。

上海市会展行业协会党委副书记、会长

2022年3月

（本书的编制得到了上海西虹桥商务开发有限公司的大力支持，在此，表示衷心的感谢！）

目　录

序言 ··· 桑敬民 / 001

形　势　篇

统筹疫情防控和有序办展，推动会展业高质量发展
　··························· 上海市商务委员会主任　顾　军 / 001
打造社会主义现代化建设引领区，进一步放大会展贸易促进平台
　功能 ······················· 上海市浦东新区会展业促进中心 / 005
开启新起点　迈向新征程——加快推动会展产业提质增效
　··································· 上海市青浦区商务委员会 / 008
2021年上海会展业发展概况 ········· 上海市会展行业协会秘书处 / 011

工　作　篇

上海市会展行业协会工作报告 ········ 上海市会展行业协会秘书处 / 016
上海市会展行业协会2021年沙龙总结
　································· 上海市会展行业协会秘书处 / 028

长三角会展研究院 2021 年工作总结 ………… 长三角会展研究院 / 032

交 流 篇

保持战略定力,规划发展动能,助力行业复苏
　　………………………… 国家会展中心(上海)有限责任公司 / 036
"破局 2022"——上海博华国际展览有限公司的创新和发展
　　………………………… 上海博华国际展览有限公司 / 041
拥抱变化,绘就新局 ………… 上海市国际贸易促进委员会 / 044
CBE+,全域赋能美妆产业——绿色展览,深耕产业
　　………………………………… 上海百文会展有限公司 / 046
做正确的事情,迎灿烂的春天 ……… 上海景桥会展服务有限公司 / 049
迎难而上,越挫越勇,上海迈勒士艺术展会如何在逆境中砥砺前行
　　………… 上海迈勒士文化传播有限公司创始人　丁　霖 / 055
扬奋进之帆,谋未来之远
　　——西虹桥商务区交出第四届中国国际进口博览会"精彩答卷"
　　………………………… 上海西虹桥商务开发有限公司 / 057
多元战略,应对挑战 …………… 上海贸促展览展示有限公司 / 062
疫情下,上海灵硕展览集团如何实现逆势增长
　　………… 上海灵硕展览集团有限公司执行总裁　顾　瞻 / 066
同舟共济,团结合作——让我们一起走向未来
　　………………… 中国太平洋财产保险股份有限公司上海分公司 / 069
法律,为会展保驾护航
　　…… 上海市律师协会会展与旅游业务研究委员会主任　钱晔文 / 072

目 录

论 文 篇

中国规划展示场馆建馆定位及其相关概念的思考与探讨
　　…………………上海市城市建设档案馆总工程师　翁文斌／075

浅析新时代背景下红色文化展馆如何用展陈艺术讲好"红色故事"
　　………………………上海美术设计有限公司　沈　弘／083

数字化时代，沉浸式体验在未来展览行业的发展
　　…………………上海跨国采购中心有限公司总经理　陈　萍／090

关于使用绿色会展搭建消费者洞察与分析
　　…………………艺搭环保科技（上海）有限公司　陆晓青／097

办展会应该如何做到会展展示的"绿色"
　　…………………上海创为建筑工程有限公司总经理　冯广为／103

附录1　2021年上海主要展览场馆展览会统计……………／110

附录2　浦东新区"十四五"期间支持贸易中心建设财政扶持办法
　　　　　　　　　　　　　　　　　　　　　　　　／125

附录3　青浦区商务委　发改委　科委　文旅局　市场监管局
　　　　体育局关于印发《青浦区加快推进现代服务业高质量发展
　　　　实施细则》的通知……………………………／128

形 势 篇

统筹疫情防控和有序办展，推动会展业高质量发展

上海市商务委员会主任　顾　军

2021年，在上海市委、市政府的坚强领导下，全市统筹疫情防控和有序办展，各会展市场主体顾全大局，筑牢安全底线，严格落实各项防控措施，确保会展行业疫情防控零感染、零发生、零事故，为推动上海市经济社会发展做出了积极贡献。

一、2021年上海会展业发展总体平稳有序

2021年，上海市共举办各类展会活动542个，展览总面积1 086.02万平方米，与2020年基本持平。虽然面临新冠疫情的严峻挑战，但在会展各

方市场主体共同努力下，2021年的上海会展业仍然不乏亮点特色。主要有：一是成功举办第四届中国国际进口博览会（以下简称"进博会"）。在全球展会大量停摆的背景下，上海成功举办了第四届进博会。进博会期间，全市严密构筑"国境、城市、区域和展区"四道防线，实现了疫情防控零感染，为疫情防控常态化背景下举办重大活动提供了成功范例。二是建立了较为完备的行业疫情防控机制。全市已经形成了市区两级卫健、商务、公安等部门共同参与的举办展会评估审核体系，修订并发布《上海市会展行业新冠肺炎疫情防控指南》，会展行业从业员工疫苗接种率近90%，各展会主办单位通过信息化管理实现了所有参展、观展及工作人员信息可监管、可追溯。三是具有国际影响力的大型展会仍然正常举办。2021年，上海市举办30万平方米以上规模的展览数量6个，展出规模达208.91万平方米，数量和规模均恢复至2019年同期水平。第十九届上海国际汽车工业展览会（以下简称"上海国际车展"）是2021年全球仅有的两个如期举办的A级车展之一。四是展会发展模式不断创新。本市会展业数字化转型发展成效显著，上海国际车展、中国（上海）国际技术进出口交易会（以下简称"上交会"）、美容美发化妆品博览会（以下简称"美博会"）等知名实体展会在办好线下展的同时推出线上展会，全年双线联动的展会近80个。云上会展有限公司等企业继续做大做强线上展会平台，取得了良好的市场效果。

二、放大溢出效应，推进国际会展之都建设

2021年是"十四五"的开局起步之年，上海会展业主动服务浦东高水平改革开放和虹桥国际开放枢纽建设，不惧挑战、迎难而上，持续放大进博会溢出带动效应，着力发挥会展业资源配置、创新策源、产业引领的平台功能，扎实、平稳、有序推进国际会展之都建设。主要做了以下工作。

（一）放大进博会溢出带动效应

深入贯彻落实《关于放大中国国际进口博览会溢出带动效应的实施方案》，全市相关单位和部门统筹推进145项重点目标任务，取得显著成效。市商务委整合扩大进口、跨境电商等元素，首创了"2021上海进口嗨购节"，开展近100场进口商品系列活动，带动进口商品销售成交超过105亿元；上下半年各举办一场国别商品文化缤纷月活动，搭建经贸合作、人文交流平台。会同国家智库、研究机构，制定完成进博会溢出带动效应评估体系，体现进博会在推动社会经济发展等方面的重要贡献。

（二）指导行业有效应对疫情

市商务委会同公安、卫健等部门及各区政府，贯彻落实国家及上海市疫情防控总体要求，指导市会展行业协会修订疫情防控指南，做好疫情防控常态化背景下全市展会活动相关安排。多次发布阶段性疫情防控和安全生产提示，结合办展和防控形势，强化统筹部署、完善工作机制、优化应急预案，切实抓好疫情防控和安全生产工作。

（三）为重大展会活动安全举办提供有力保障

全市各相关单位和部门驻场保障第四届中国国际进口博览会、第十九届上海国际汽车工业展览会等重大展会，确保安全举办。市商务委加强部门协调和现场监管，分别对中国食品饮料博览会、"一带一路"名品展等展会开展现场防疫、安全督查。在全市疫情出现反复期间，通过梳理重要展会、监督落实防控措施、加强协调保障等形式，推动中国国际纺织面料及辅料（春夏）博览会、亚洲物流展等大型展会正常举办。疫情发生以来，全市各类展会没有发生过相关感染事故。

（四）推动会展业高质量发展

市商务委、虹桥中央国际商务区管委会、青浦区政府等单位和部门推动虹桥国际会展产业园2021年6月正式启动，促成国际展览、英富曼、云上会展等10多家会展行业头部企业首批落户。市商务委深入贯彻《上海市会展业条例》，出台《上海市会展活动备案暂行管理办法》，逐步推动实现会展相关政务信息"一口受理、一口反馈"的政务服务流程。支持举办首届长三角国际应急减灾和救援博览会，加大会展业长三角联动力度；组织企业参加中国—东盟博览会、中国—中东欧博览会等区域性展会，积极拓展国际市场。

2022年，上海经历了新冠疫情的又一轮冲击，全市会展企业面临更严峻的考验。面对困难，全市会展行业迎难而上，国家会展中心、新国际博览中心、世博展览馆和跨国采购中心四家会展场馆改建为方舱医院，不少会展企业全力投入到方舱医院的建设和运营工作中，为服务全市防疫大局做出了积极的贡献。

下一步，市商务委将以守住安全底线为原则，借鉴进博会等重大活动成功经验，统筹疫情防控和有序办展，全心全意为会展企业纾困解难，持续放大进博会溢出带动效应，不断提高行业核心竞争力，驰而不息推动全市会展业高质量发展，为上海建设"五个中心"和具有世界影响力的社会主义现代化国际大都市做出会展业应有的贡献。

打造社会主义现代化建设引领区，进一步放大会展贸易促进平台功能

上海市浦东新区会展业促进中心

2021年，浦东新区聚焦打造社会主义现代化建设引领区的重大历史使命，全力推动国际贸易中心核心区建设，进一步放大会展贸易促进平台功能。

一、全力贯彻落实《中共中央国务院关于支持浦东新区高水平改革开放打造社会主义现代化建设引领区的意见》

紧紧围绕中央《引领区意见》、市《行动方案》和浦东新区《实施方案》抓落实，统筹推进全球营运商计划和国际经济组织集聚计划，梳理排摸会展功能性机构，形成工作方案，推动建立"一企一专班"，实施精准服务。

立足于适应新发展阶段、贯彻新发展理念、构建新发展格局，加强会展与商业、文化、旅游联动，打造一批融合示范项目，持续提升新品发布平台功能，推动促进国内国际双循环。

二、服务保障第四届中国国际进口博览会

制定《浦东新区"第四届中国国际进口博览会"城市服务保障工作方案》，精心组织浦东交易分团。组建由贸易、制造、商业、服务类企业及政

府部门、事业单位、社会团体等组成的浦东交易分团,专业观众注册2 725家单位、11 674人报名,意向成交金额2.56亿美元。组织27家浦东企业参加涵盖消费品、食品及农产品、医疗器械及医药保健品等展区的4场展前供需对接。精准开展招商招展和活动推介。积极配合中国国际进口博览局开展第四届中国国际进口博览会(以下简称"进博会")招展参展对接,推动超过270家跨国公司母公司参展,展位数近300个。围绕展前、展中、展后开展招商,区委区政府主要领导亲临现场带头招商,面对面与企业负责人交流。

三、扎实做好展览疫情常态化防控工作

按照《商务部、公安部、卫生健康委关于展览活动新冠肺炎疫情常态化防控工作的指导意见》以及市、区防控工作要求,严格受理在新国际博览中心、世博展览馆举办的展览及相关活动报批,对在浦东举办的展览出具防疫评估意见;严格执行"信息必验、身份必录、体温必测、消毒必做、突发必处"的"五必"要求及现场应急医疗、人员隔离、防疫物资配备等要求。

2021年全年浦东新区主要场馆共举办展览129个,举办总面积506.2万平方米,占全市总量的47%,共吸引6万家展商和227.7万名观众。

浦东新区将全力落实《引领区意见》及《实施方案》,推动会展产业发展与重点工作落实,争取在新征程新起点上奋力开创工作新局面。

1. 提升会展战略招商精准招商能级

发挥浦东联结国际国内两个市场的优势,深入实施全球营运商计划和国际经济组织集聚计划,充分利用进博会、知名展会等平台,加强宣传新国际博览中心、世博展览馆等现有场馆特色优势以及张江科学会堂等新场馆的功能特点,进一步吸引国内外知名机构组织、会展企业在浦东设立办事处和贸易公司。

2. 进一步放大会展业投资促进效应

做好重要展会重点展商服务工作,形成项目信息库、项目资源库和活动资源库,引进一批符合新区产业发展方向的品牌会展。充分发挥浦东的口岸和平台作用,持续推动参展商、采购商变贸易商、投资商,推动展品变商品,重点推进外高桥专业贸易平台做大规模、拓展功能,打造国家(或地区)中心品牌,带动浦东产业升级、贸易升级、消费升级和营商环境持续优化。

3. 持续优化会展环境

对标国际最高标准、最好水平,针对境外展品、人、资金进出,探索制订进一步的便利化举措。充分发挥新区会展协调保障机制,做好重点会展的协调保障工作。推动进博会创新制度复制推广,进一步提升新区会展国际化、品牌化、专业化水平。

开启新起点 迈向新征程
——加快推动会展产业提质增效

上海市青浦区商务委员会

"十四五"开局之年,围绕"一核引领、双管齐下、三大功能"的总体思路,上海市青浦区进一步优化营商环境,更高质量打造上海国际会展之都的重要承载区。

一、会聚新动能

(一)聚焦中国国际进口博览会(以下简称"进博会"或"进博")进博服务工作,积极落实采购意向

组建由区长任团长、分管副区长任副团长的青浦交易分团,按照"精准对接、有效采购"的工作目标,做好采购商和专业观众的报名审核工作。采购商云嘟科技与参展商行云物流达成7亿美元采购意向订单,青浦企业连续四届进博会签下上海交易团首单;累计现场采购超过11亿美元,较第三届进博会增长36.4%,位列16个区第二位,成交意向再创新高。举办"第二届品质生活国际论坛""长三角康复辅具创新论坛""进博会溢出效应论坛"等高规格、有特色、影响大的活动,进一步展现青浦投资环境,宣传城市形象。

(二)严守疫情防控红线,助力展会有序举办

持续做好展会评估和二次评估等工作,聚焦展前筹备、展中观展、展后

撤展、应急处置等多方面内容,落实"一展一策"要求,严格防控主体责任。2021全年举办展览活动34个(除"进博会"),展览总面积422.6万平方米,观展超过400万人次,实现了安全生产零事故,疫情防控零报告。其中,2021上海车展线上延展1个月,第四十八届家具展整体移步线上,在疫情常态化下,线上线下联合办展模式不断应用。

(三) 加速企业集中集聚,做大会展经济体量

出台现代服务业会展服务政策,在智慧场馆、展会数字化转型、会展新基建、办会办展等方面给予大力扶持,借助区位优势和政策引领,青浦汇聚众多资源,引入了车展、工博会、家博会、建博会、中食展等一批具有国际性和行业标杆性的展会,吸引了包括上海市会展行业协会、国际展览公司、英富曼集团、云上会展等龙头企业入驻。2021年6月1日虹桥国际会展产业园启动,将推进产业集聚、项目共建、资源共享、人才共育,建设成为会展企业集中集聚高地。

二、 展现新作为

(一) 做大会展经济规模

作为国际会展之都重要承载区,目前区内会展企业主要集中在徐泾镇和西虹桥区域,汇聚了场馆方、主办方、搭建方等160余家会展关联企业。依托虹桥国际会展产业园和会展首位镇的先发优势,发挥产业开发和服务保障联动功能,大力招引国际知名会展企业总部、境内外专业组展机构及上下游配套企业,加快打造会展企业发展集聚高地。

(二) 提升会展产业能级

发挥加快推进现代服务业中会展服务类政策的引领优势,推动会展业

数字化转型,促进线上线下办展融合、数字会展与数字贸易融合发展。深挖会展产业链价值延伸,推动会展与制造、商贸、旅游、文化、餐饮等产业联动,实现会展业对其他产业的带动作用,使得会展"1+X"效益不断延伸。借助长三角会展联盟等资源,加强区域合作交流,不断扩展和提升会展产业能级。

(三)加大会展招商力度

在青浦青东区域成立一个会展服务和招商引资部门,组建一支会展专业招商队伍,充分利用展会和活动举办的契机,探索建设常态长效的展会招商机制,强化与展商之间的沟通,逐步建立全年的展会展商信息平台。在条件允许前提下积极争取在青浦举办国际会展业CEO峰会等行业高端会议,并通过组织相关的会展专题招商、产业园周年庆等活动,增进和加强与会展企业的联系。

2021年上海会展业发展概况

上海市会展行业协会秘书处

2021年,上海市共举办各类展览活动542个,同比减少1.46%,展览总面积1 086.02万 m^2,同比减少1.97%。

其中,举办国际展142个,同比减少21.55%,展览面积932.84万 m^2,同比增长6.76%;举办国内展341个,同比增加32.17%,展览面积122.63万 m^2,同比减少26.47%。

2021年上海举办10万 m^2 以上展览会31个,展览面积594.4万 m^2,相比2020年略有回升;但与2019年相比,数量和面积分别减少了31.11%和30.56%(表1,图1)。

表1 2019—2021年上海展会情况

展会项目		2019年	2020年	2021年
展览数/个		806	439	483
其中	国际展	310	181	142
	国内展	496	258	341
会议活动数/个		237	111	59
数量总计/个		1 043	550	542
展览面积/万 m^2		1 775.36	1 040.48	1 055.47
其中	国际展	1 502.65	873.72	932.84
	国内展	272.71	166.76	122.63

续　表

展 会 项 目	2019年	2020年	2021年
会议活动面积/万 m²	166.31	67.31	30.55
面积总计/万 m²	1 941.67	1 107.79	1 086.02
5~10万 m² 展会数量/个,面积/万 m²	36,260.34	28,203.76	28,190.91
10~30万 m² 展会数量/个,面积/万 m²	39,658.78	23,405.42	25,385.53
30万 m² 以上展会数量/个,面积/万 m²	6,197.16	2,68.39	6,208.91

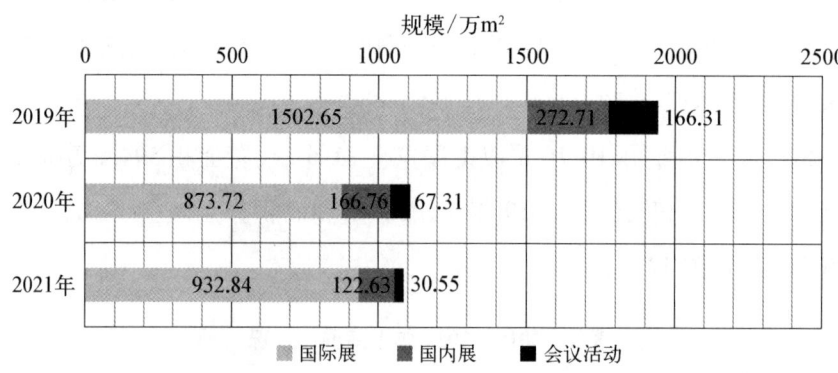

图1　2019—2021年上海展会规模

一、 10万 m² 以上大型项目分析

跟踪比较2019年45个10万 m² 以上的展览会在2021年的举办情况，可以较直观地看到上海会展行业受到疫情的影响。

有14个展览会未按计划在线下举办，合计249.32万 m²，占比近1/3。其中中国国际工业博览会、中国国际家具展、上海国际汽车零配件、维修检测诊断设备及服务用品展览会、亚洲宠物展等11个展览会年内未能举办，且中国国际缝制设备展2022年将迁至外地举办；中国华东进出口商品交易会、世界制药原料中国展、中国国际宠物水族展改为线上举办。

另有2个展览会分别进行了合并:一年两届的上海国际婚纱摄影器材展合并为一届且规模缩减到10万m^2以下;中国国际家用纺织品及辅料秋冬展与同期的中国国际纺织面料及辅料秋冬展合并举办。

其余29个展览会项目中,规模增长的有11个,减少的有18个。其中增长20%以上的有2个,减少20%以上的有5个(图2)。

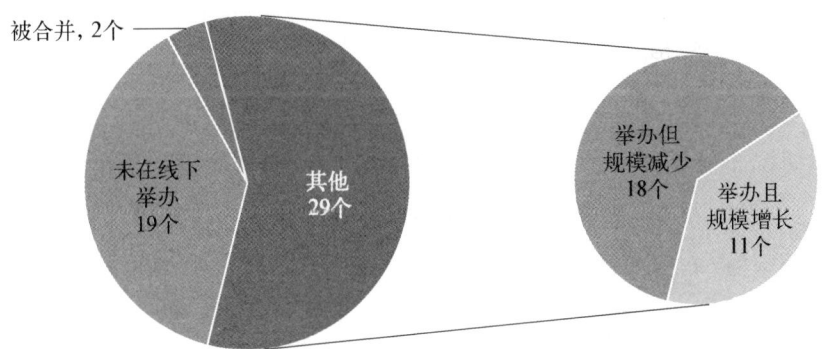

图2 2019年10万m^2以上展会在2021年发展情况

二、2021年上海会展业历经五大阶段

2021年,上海会展业经历了五大阶段,复展之路颇为艰难。

1. 首次停摆阶段

元旦至3月16日仅举办5场展览会。其中元旦期间举办4场展会;春节后仅新国际博览中心于2月23—25日举办了世界移动通信大会,展览规模约15万m^2。

2. 复展阶段

3月17日新国际博览中心的慕尼黑上海电子展和国家会展中心的中国国际纺织面料及辅料春夏展开展,标志着2021年的会展行业步入正轨。

受其他城市疫情反复影响,8月2日在新国际博览中心闭幕的中国国际数码互动娱乐展览会成为本轮复展的尾声。2020年延期的展会加上2021年计划内的项目,四个半月的复展阶段合计办展面积约909万m^2,约占全年经贸类展会的89.4%。

3. 第二次停摆阶段

8月3日至10月8日,因疫情防控要求,上海全面停止了展览会的举办。

4. "有限复展"阶段

10月9日起至11月11日中国国际进口博览会结束。10月份以中国国际纺织面料及辅料秋冬展为代表的4个展会作为"进博会的压力测试展",11月上旬的中国国际进口博览会、上海环球食品展等5个展会,行业断断续续地"有限复展";9个展览会合计约109万m^2。

5. 第三次停摆阶段

11月12日至12月底,由于国家疫情防控办要求,上海再次全面停展(图3)。

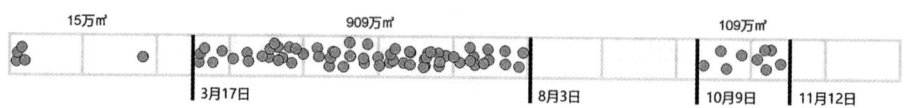

图3 2021年上海展览会举办情况

三、疫情对上海会展业的影响

1. 办展窗口期太短

受疫情影响,2020年上海市可办展时间为半年,2021年仅为四个半月。特别是2021年的8—12月,上海市仅举办了20个展会,展览面积仅128.9万m^2,比2020年同期下降83%。据协会不完全统计,原计划2021

年内举办而最终未办的展会百余场,如工博会、家具展、汽配展、亚宠展、乐器展等规模合计超过 400 万 m^2。

2. 部分国际展欲易地举办,对上海会展业的国际化带来冲击

据上海市会展行业协会初步统计,已迁移或准备迁移外省的国际展会超过 30 场,展会规模合计近百万平方米。如原定 2021 年 9 月在上海举办的畜牧展,已于同月在青岛举办,展会规模近 5 万 m^2;原定 2021 年 8 月在新国际 3 万 m^2 的发酵展,经过一次延期,已于 2022 年 7 月在山东国际会展中心举办;原定于 2022 年 1 月在新国际博览中心举办的近 14 万 m^2 的大展"中国国际缝制设备展",已确定 2022 年 4 月底在宁波国际会议中心举办。

3. 会展企业运营压力加大

上海会展业规模缩水、展会临时取消和种种不确定因素,导致会展整个产业链上下游企业受损严重。主办企业、展商、展示工程企业等企业之间产生大量合同纠纷,尤其以展示工程企业为代表的配套服务企业生存困难,不少企业不得不减薪、裁员、转行、关停。

如果 2022 年不能顺利重启或重启时断时续,将会对上海市的国际大展和名展的举办造成不利影响,从而累及国际国内展览业对上海建设国际会展之都的信心。

工 作 篇

上海市会展行业协会工作报告

上海市会展行业协会秘书处

在中国共产党百年华诞、"十四五"开局之年,上海市会展行业协会(以下简称"协会")在上海市委、市政府等相关部门的关心指导下,在市会展行业协会党委的领导下,引领会员,基本完成了2021年的工作目标。

一、2021年协会工作

(一)努力推进复工复展,发挥桥梁和纽带作用

1. 及时发布疫苗接种信息为复展提供安全保证

2022年会展业复工复展形势依然严峻,协会始终绷紧疫情防控这根

弦。3月份,秘书处根据市商务委要求,及时发布疫苗接种登记事项,让原本不知道通过何种渠道才能获取疫苗接种信息的会员及时接种,为3月份后的展会提供了安全保证。

2. 积极反映诉求努力推进复展

2021年上海会展业的复展之路走得极其艰难。春节后停摆、3月中旬重启、7月底随着其他省市的疫情突现再次停摆、10月"有限复展"、进博会后再次停摆等阶段,协会领导深切感受到会员企业的焦虑和困难,努力推进复展工作。从9月4日上海疫情清零起,协会就在第一时间以专报形式向市政府反映上海会展业具备防控条件下的复展和不复展将对上海会展业带来什么影响。专报还列举了全国各省以及美国、欧洲等国际上已复展的情况;至11月底已形成数次专报,反映企业的诉求及复展呼声。

另外,协会还积极配合市商务委、市社团局等部门,提供人才落户会展业重点机构名单;养老产业关联度系数填报;社会化职业技能等级认定、对上海市营商环境等多项调研。按时完成并通过了市民政局对社会组织的年检。

(二)协会及会员企业继续助力进博会

1. 会员企业继续助力进博会

上海东浩兰生会展(集团)有限公司、上海市国际展览有限公司、上海欣越国际货物运输代理有限公司等近百家会员企业自首届进博会成为服务供应商以来,始终以最优的服务完成各项筹备工作。尤其是应对第四届进博会非常严格的防疫要求,他们克服各种困难严格遵照执行,为进博会圆满收官做出了贡献。

2. 协会领导走访进博会参展企业

国际展览业协会(UFI)名誉主席、协会党委书记陈先进,党委副书记、会长桑敬民等协会领导走进进博会现场,与参展企业慕尼黑展览(上海)有限公司、米奥兰特、德马吉国际展览有限公司、上海景桥会展服务有限公司、智奥会展(上海)有限公司,就新冠疫情冲击下,会展企业如何在这百年未有之大变局,双循环格局下会展业发展,建设国际会展之都等热点、焦点问题进行了交流。

3. 协会与多批外省市进博会代表团交流

进博会期间,协会接待了山西省外资外贸发展协会、长沙市政府会展办、福州招商集团等外省市参观团,与协会及会长单位上海百文会展有限公司一起座谈交流,共同探讨中国会展业的发展前景。

(三)积极推进绿色会展行业可持续发展

1. 启动绿色会展团标编制

协会认真贯彻(国发〔2021〕4号)《关于加快建立健全绿色低碳循环发展经济体系的指导意见》,认真领会"推进会展业绿色发展,指导制定行业相关绿色标准,推动办展设施循环使用"的重要意义。2021年协会启动了绿色会展团体标准的编制,在编制过程中秉持绿色发展理念,以低碳、零排放举办绿色会展(展览)为目标,倡导会展企业建立绿色会展(展览)运营与管理制度,采取措施,在"减少用量、重复利用、循环再生、合理替代"下减少与限制会展(展览)垃圾与污染,以实际行动推进会展业"绿色、低碳、可持续"发展。

2. 举办以"纸质展具引领绿色会展新风向"的主题沙龙

为推进行业绿色会展发展,协会举办了绿色环保纸质展具主题沙龙,中共上海市委宣传部副部长、市新闻出版局局长徐炯,上海市会展行业协会党委书记陈先进到场致辞,协会90余家主承办、展示工程企业以及纸质展具的研发公司踊跃参与,分享纸质展具与会展行业融合应用的案例,共同探讨绿色会展的发展前景。

(四）做好会员服务，提升协会凝聚力和公信力

1. 沙龙活动主题始终围绕会员关注焦点、行业发展热点和关键点

2021年协会举办了三期沙龙，第一期是《境外非政府组织境内活动管理法》解读，邀请上海市公安局境外非政府组织管理办公室警官讲解2017年1月1日起正式实施的《中华人民共和国境外非政府组织境内活动管理法》，对境外非政府组织的定义、在境内的合法存在形式等基本情况进行介绍，并现场为会员答疑。

第二期是借助6月2日全球展览日之际，协会携手IAEE、腾讯企点、WeMeet合作主办主题"数字引领转型，创新服务模式"的沙龙。沙龙发布了全球数字会展发展趋势报告和为会展业量身定制的商贸互动平台；研讨嘉宾分别就各自企业数字化转型过程中的经验和体会进行了分享。

第三期是在上海书展暨"书香中国"期间，举办以"纸质展具引领绿色会展新风向"的主题沙龙。参会代表紧紧围绕推进行业绿色会展展开了头脑风暴，参观了纸质展具在"上海书展·阅读的力量"中部分特装展台、标准摊位、会议展具等不同场景中的应用。纸质展具与会展行业融合应用，为绿色会展的发展提供了新的思路。

协会举办的沙龙，增强了会员通过协会平台开展交流的积极性，也提升了协会服务会员的质量。

2. 根据行业发展特点，展示工程企业资质评估工作进一步优化

2021年初，协会参照市政府项目招投标的相关要求，经过慎重比对，从3家应标的评估公司中录用2家，正式签约成为企业资质评估项目的第三方评估公司。展示工程专委会在认真研究、讨论评估体系中的各项参评指标的合理、适用性的基础上，整合出一套较完善的评估体系。2021年共76家企业参评，经评估体系评估、专家实地走访、抽样调查，再经展示工程专委会专家评审等规定程序，最终评定出一级资质32家、二级资质20家、

三级资质25家。截至2021年底,资质在有效期内的企业合计232家,其中一级97家、二级69家、三级66家。

目前,该资质已成为企业参与政府项目投标、承揽业务的重要依据。尤其是进博会相关业务的服务供应商遴选,具有该资质的企业将优先获得供应商入围资格。

3. 依托长三角会展研究院开展行业培训,完成了会展管理中级和高级水平认证培训班

(1)上半年完成了会展管理高级水平认证培训班。来自上海、无锡、南京等地的42位业内同仁们,参加了为期5天的培训。学员们认真聆听了15位长三角会展研究院特聘专家们在国际会展业形势、宏观经济形势分析、企业资本运作等方面的精彩授课,完成了论文撰写和答辩后,获得上海对外经贸大学、上海市会展行业协会共同盖章的上海市会展专业技术水平认证(会展管理高级)证书。

(2)下半年完成了会展管理中级水平认证培训班。该次培训因疫情防控要求,协会向已报名的北京、江苏、浙江等外省市学员做了劝说工作,退还了相关费用;最终仍有78位来自主承办、展示工程、配套服务等产业上下游企业的业内同仁,共同接受了"推进会展的智能化管理""会展项目组织实务""新时代背景下的会展企业文化建设"等由企业资深管理者、高校教授等专家精英们教授的课程;获得上海对外经贸大学、上海市会展行业协会共同盖章的上海市会展专业技术水平认证(会展管理中级)证书。

(3)会展管理初级水平认证培训班继续与会员单位合作,全年举办9期讲解员培训,来自全国各地规划馆的150位讲解员完成了培训,获得了协会颁发的会展管理初级(讲解员)证书。

另外,协会就会展管理初级培训不断进行探索,根据部分院校需求,首次与上海外国语大学贤达学院合作,本着学生自愿原则,对即将毕业的会展专业在校生开展相关培训,22名在校生获得"上海市会展管理专业技术水平认证（初级）"证书。

4. 严格入会企业质量，提升会员队伍整体素质

自2021年起，协会对递交入会申请的企业，先通过企查查、天眼查、水滴信用等平台查询企业的信用情况后再进入入会审批流程。新增这样一道审核流程，既了解入会企业经营是否依法合规，也提升了会员队伍的整体质量。

会员发展已形成有进有出吐故纳新的常态化。截至11月底，新入会企业85家，因业务转型等原因退会35家，合计有效会员665家。其中展览、会议主承办89家，占比13.4%；场馆21家，占3.2%；展示工程466家，占70.0%；其他会展相关促进机构、院校、配套服务等企业89家，占比13.4%。

有效会员中，国有、社会团体、事业单位合计48家，占7.2%；外资80家，占12.0%；民营537家，占80.8%。

5. 微信公众号平台积极宣传会员单位信息

协会微信公众号2021年发布了近800条协会活动介绍、业内展会资讯、行业热点、观点的分享等信息，同时继续加大对会员单位的宣传。其中为上海博华国际展览有限公司、上海东浩兰生会展（集团）有限公司、高美艾博展览（上海）有限公司等30余家会员企业推送信息。我们希望有更多的会员单位投稿，协会微信公众号将继续积极为会员提供宣传服务。

（五）开展对外交流活动，协会影响力不断提升

1. 有序推进长三角会展联盟工作

2020年10月长三角会展联盟召开了第一次大会。之后，联盟秘书处完成了《长三角会展联盟行动计划（2020—2022）》编制工作，并得到联盟主席团认可。联盟秘书处按照行动计划建立了秘书长工作制、信息交流机制、盟员入会制等各项工作有序推进。长三角会展联盟LOGO完成设计并启用，微信公众号于2020年10月开通，目前已累计推送各类行业信息430条。

2. 联席会议机制助推全国行业间的交流

由上海市会展行业协会等 4 家省级会展行业协会发起的全国省级会展行业协会联席会议,自 2018 年成立以来已举办 5 次全国性行业会议,成为全国同行交流的重要活动平台。同时,联席会议通过微信群、微信公众号建立了畅通的信息沟通机制,各地行业信息互通有无,重要活动也积极参与、互相宣传。

(六)秘书处自身建设不断增强,工作服务质量不断提升

(1)俗话说,打铁还需自身硬。作为协会日常办事机构,秘书处同志们始终立足本职,踏实工作,不断提高服务会员的能力、规范行业的能力、协调创新的能力。秘书处的努力付出得到了政府相关部门的肯定,在市社团局、市社会组织服务中心开展的 2021 年上海市品牌社会组织选树活动中,对 82 家参选单位进行网上投票,上海市会展行业协会作为市商务委推荐的两家协会之一,累计获得 69 471 票,取得了第 11 位的佳绩,成功入选"2021 年上海市品牌社会组织",以及"百佳社会组织"群英谱,成为 40 家重点展示的机构。2022 年,上海市经济团体联合会授予协会"先进协会"、上海现代服务业联合会授予协会"突出贡献奖"等荣誉称号。

(2)一年一度的《上海会展业发展报告(2021)》如期出版,这份年度报告自 2007 年首次出版以来从未间断过,以一年为一个刻度,记录了上海会展业的不凡历程,和国际会展之都建设的进展状况。协会与市会展业促进中心、市商务研究中心合作编制的《2020 上海会展业白皮书》,也在年内完成发行。

(七)加强党的领导,发挥引领作用

1. 提高政治站位,加强党的全面领导

协会党委在上级党委的领导下,做到三个坚持:一是坚持站在"加强

党的全面领导"的政治高度,认识行业党建工作重要意义;二是坚持放在中心大局的视野宽度,把握行业党建工作目标任务;三是坚持立足新形势下行业发展的特点规律,创新行业党建工作方式方法。

2. 扎实开展党史学习教育

在党史教育上紧跟上级党委工作节奏,做到两个及时、迅速推进。一是及时成立党史学习教育工作小组,党委书记担任组长,党委副书记担任副组长,党委其他成员任组员。二是及时召开支部书记会,进行动员部署和细化工作安排,并跟进日常学习和督促指导。

结合行业中心工作,党委书记带头上党课,以上率下狠抓落实。同时组织所有支部第一时间观看习近平总书记在庆祝中国共产党成立100周年大会上的重要讲话和党史学习教育专题视频《恰是百年风华——总书记这样讲述党史》,再一次重温党史,认识党史学习的必要性和重要意义。

党委为每位党员发放《中国共产党简史》等党史书籍,为党员干部学习党史知识创造条件。依托公众号、微信工作群等平台,实时更新发布党史学习教育的工作部署要求,以及关于党史学习教育的相关资料。

3. 严把党员"入口"关,做好党员发展工作

党委始终按照"控制总量、优化结构、提高质量、发挥作用"十六字方针,严格发展党员工作程序,做好党员发展工作。2021年发展党员4名,审批预备党员转正2名,选送3名同志参加上级党委举办的入党积极分子培训班,选送3名同志参加发展对象培训班,输送3名新党员参加上级党委组织的新党员理想信念教育学习班,为党组织增添了新鲜血液,注入了活力。

4. 抓好工会建设,引领服务群众

党委始终把工会建设作为党委的一项重要工作。一是培养一支优秀的工会干部队伍,积极参加上级组织的工会干部、工会财务、女职工干部等各类培训,为工会干部队伍培养了人才。二是关心工会组织的建设,为基

层工会冬送温暖夏送清凉,办理工会卡和购买市总工会的保险。三是积极参与上级党委及工会组织的各种活动。

二、2022年工作规划

2022年协会要以党的十九届六中全会、中央经济工作会议以及市委十一届十二次会议精神为指引。全面贯彻新发展概念,构建完善创新服务体系,为实现上海会展业更高质量发展,迎接党的二十大召开而奋发努力。

(一)着力推进国际会展之都建设

1. 积极贯彻落实政府各项工作,充分发挥桥梁和纽带作用

贯彻落实《"十四五"时期提升上海国际贸易中心能级规划》,切实推进市商务委"重大目标,主要预期指标和工作任务分工表"中协会的各项任务。提升会展业配置全球资源的能力,打造国际化城市会展促进体系。推动展会线上线下联动发展,创新展会服务模式,培育展会发展新动能,提升上海会展业品牌竞争力。早日实现全面建成国际会展之都的目标。

2. 坚持抓好常态化下的疫情防控工作

面对新冠疫情常态化,坚持疫情防控不放松,建立健全长效机制;严格遵守《上海市会展行业新冠肺炎疫情防控指南》要求及各类展会"一展一策"的防疫要求;确保2022年上海市展会安全有序举办。

3. 增强办展不确定的理性思维

随着疫情时起时落,反复变化的不确定性,展会面临时停时展的严峻局面。对此,我们要有充分的思想准备,足够的风险意识。面对困境,穷则思变;身处逆境,善于运用新技术、新模式、新业态破题解题,实现跨界融合,构建发展新格局。

4. 助力参与进博会,放大溢出带动效应

在成功举办前四届进口博览会的基础上,协会将继续支持并帮助会员企业踊跃参与助力进博会。通过人才培训、资质评审、绿色会展、智慧会展等综合能力培养,结合进博会溢出带动的"贸易升级,产业升级,消费升级"效益,并通过上海的会展业平台,充分发挥协会的纽带作用,实现国内同行业纵横间交流,促进上海会展业的高质量发展。

(二)贯彻新发展观念,促进会展业转型升级

1. 积极筹备 2022 国际会展业 CEO 峰会

纳入国际会展业三大高端论坛的 CEO 峰会,得到 UFI 总部及国际会展业权威机构的认同。峰会期间将以"后疫情时代的全球会展业"为题,通过当前国际局势下的多边贸易体制,国内经济形势分析及预测,对后疫情时代欧美、中国会展业概况,会展业战略,展览业数字化转型进行探讨。同时通过上海会展业国际顾问,为上海实施"十四五"规划,全面建设国际之都出谋划策,全面提升会展业配置全球资源的能力。

2. 努力打造国际化城市会展促进体系

对接国际最高标准完善会展服务、会展经营、绿色会展、评估认证等标准。完成绿色会展的团体标准。逐步形成面向市场,服务行业,主次分明,科学合理的会展业标准化体系。

3. 做好《上海会展业发展报告(2022)》编写工作

与市商务委会展业促进中心、市商务委研究中心共同编写并发布《2021 上海会展业白皮书》。

(三)加大长三角合作联动,促进会展业协同发展

积极推进落实长三角会展联盟《2020—2022》三年行动计划。充分发挥长三角会展联盟的平台作用。拓展区域内会展企业合作,信息交流,分

享经验,培育人才,资源共享。积极打造长三角会展产业品牌,构建新型和谐的区域会展业关系,助推会展业高质量一体化发展。

(四) 构建完善创新服务体系

1. 举办各类沙龙活动,开展新理念、新技术、新产品推广

在后疫情时代,我们要提振行业信心,重振行业雄风。通过举办沙龙活动和发布微信公众号等多种形式大力发展"云展",鼓励会展企业融合5G、大数据、人工智能等技术办展,实现会展行业线上线下融合发展。

2. 加快会展人才培养

协会继续依托长三角会展研究院组织会展业高、中级水平认证培训;有针对性地对本市部分院校会展专业的学生、应届毕业生以及从事会展的专业人才进行业务能力综合水平培养。帮助会展企业招纳会展业毕业学生,扩充壮大会展业专业人才队伍,为上海建设国际会展之都培养、输送人才。

3. 加大为会员单位服务力度

2022年,协会要根据上海疫情防控情况,深入企业调查研究,及时了解掌握会员企业的疾苦,倾听他们的呼声及诉求。上情下达,下情上报。会同保险公司适时推出相关的保险项目,为会展企业排忧解难。携手市律师协会,为因疫情延期或取消而产生的合同纠纷的会展企业提供法律咨询服务。

4. 加强协会组织建设,提高为会员单位的服务水平

大力加强协会秘书处队伍的思想建设,组织建设和业务能力培养。在坚持为政府、为行业、为企业服务的宗旨前提下,不断提高工作效率和质量。认真做好2022年协会换届工作、社会组织5A级复评以及协会成立20周年的纪念活动。

5. 党建引领促进行业发展

党委要以习近平新时代中国特色社会主义思想为指导,深入学习贯彻

习近平总书记在中国共产党成立 100 周年庆祝大会上的重要讲话精神、党的十九届六中全会精神，推动协会党建与自身发展互促互融。一是深化党的组织和党的工作有效覆盖，深入实现党建与业务融合发展。二是履行好党组织在保证政治方向、团结凝聚群众、推动事业发展，发挥党组织战斗堡垒和党员先锋模范作用。三是加强自身建设、自觉将党的领导贯穿到行业工作的全方位，使协会成为政治过硬、治理完善、服务专业、诚信自律，让党放心、会员满意的高质量行业协会。

上海市会展行业协会 2021 年沙龙总结

上海市会展行业协会秘书处

2021年，上海市会展行业协会（以下简称"协会"）结合疫情常态化行业发展的新趋势举办了3期沙龙，受到广大会展企业广泛关注。主要内容如下。

一、第40期主题：《境外非政府组织境内活动管理法》解读

概要：上海市公安局境外非政府组织管理办公室警官对2017年1月1日起正式实施的《中华人民共和国境外非政府组织境内活动管理法》进行解读，并现场为主承办企业释疑解惑。

3月23日上午，协会在梅赛德斯奔驰文化中心举办关于《境外非政府组织境内活动管理法》解读的主题沙龙。

沙龙得到市商务委大力支持，由上海市公安局境外非政府组织管理办公室执法监管处徐广烨警官就《管理法》专题解读；市商务委会展业处李磊处长、陈伟杰副处长；浦东新区、静安、徐汇、长宁、普陀、青浦、嘉定区商务委派员参加；协会陈先进书记、桑敬民会长、屠建卿秘书长以及上海市30多家会展主承办企业代表参加该次沙龙。

会上，徐广烨警官围绕2017年1月1日起正式实施的《中华人民共和国境外非政府组织境内活动管理法》，对境外非政府组织的定义、在境内的合法存在形式等基本情况进行了介绍，就境外非政府组织人的辨别标

准、活动报备情形、临时活动备案的流程和材料,以及会展活动举办中应注意的问题进行详尽而又清晰的讲解,帮助主承办企业理顺报备条线,就企业提出在办展办会中遇到的问题进行了解答。

市商务委会展业处李磊处长在讲话中提到,上海会展业具有高度国际化的特点,各主承办企业要高度重视《境外非政府组织境内活动管理法》,按规定办理。各会展企业要紧绷疫情防控这条弦,防疫措施须落实到位,共同推动行业平稳有序、高质量地发展。

协会党委书记陈先进在总结讲话时要求:各会展企业思想上要高度重视,从有利于上海国际会展之都的建设,有利于上海更深层次更高质量的改革开放,进一步落实各项法规,做好工作,创造条件,挖掘潜力,努力将上海会展业早日恢复到疫情前水平。

二、第41期主题:数字引领转型、创新服务模式

概要:会展行业专家与产业信息化领军者,共同探讨聚焦大环境下会展行业数字化转型的变革与解决方案。

6月2日下午,在全球展览日这个特别的日子,上海市会展行业协会携手IAEE、腾讯企点、WeMeet共同主办的主题沙龙在上海腾云大厦成功举办。

该次沙龙以"数字引领转型、创新服务模式"为主题,分享和探讨了会展企业在数字化转型过程中的经验和体会。来自上海和全国各地的近50家会展企业踊跃参与并进行了精彩互动。

上海市会展行业协会党委副书记、会长桑敬民在致辞中传达了商务部办公厅加快推进展览业转型升级和创新发展、促进线上线下办展融合发展和上海全面推进上海城市数字化转型的要求,强调近年来互联网技术和数

字平台在会展行业内日益重要的地位,线上赋能线下成为会展行业持续发展的新增长点。

IAEE全球主席戴维·杜波依斯(David DuBois)以视频方式致辞,对全球展览日的到来表示祝贺,高度重视会展业的数字化转型,认为先进的互联网数字技术将影响行业发展。

在分享研讨环节,上海东浩兰生会展(集团)有限公司总裁陈辉峰、浙江米奥兰特商务会展股份有限公司董事长潘建军、法兰克福展览(香港)有限公司副总经理周劭阆、上海万耀企龙有限公司副总裁刘勋、上海百文会展有限公司副总经理桑莹,分别介绍了本公司会展项目在数字化转型过程中的经验和体会。

UFI全球名誉主席、上海市会展行业协会党委书记陈先进在总结发言中表示,会展业的数字化转型是上海全面建成国际会展之都的必备条件,大型互联网企业的跨界发展,将对统筹整合资源、行业创新以及B2B业务拓展方面起到积极作用。陈先进希望会展数字化技术供应商能够"小心假设、大胆求证",即准确把握会展企业不同需求,量身定制适合的个性化产品,助力行业,共同发展!

三、第42期主题:创新融合把握碳达峰碳中和——纸质展具引领绿色会展新风向

概要:展会垃圾造成的大量资源浪费和环境污染,是公认的行业一大痛点。绿色环保纸质展具与会展行业的融合,是以实际行动践行绿色、低碳发展理念。

12月23日下午,由上海市会展行业协会主办,上海贸促展览展示有限公司协办、上海瑞时创展印刷有限公司承办的绿色环保纸质展主题沙龙

在上海图书馆东馆举办。该次沙龙得到了上海书展暨"书香中国"上海周指导委员会的支持。中共上海市委宣传部副部长、市新闻出版局局长徐炯,上海市会展行业协会党委书记陈先进到场致辞。协会的90余家主承办、展示工程企业以及纸质展具的研发公司踊跃参与,分享纸质展具与会展行业融合应用的案例,共同探讨绿色会展的发展前景。

协会会员上海瑞时创展印刷有限公司董事长罗喜荣从纸质展具的工艺、安装、回收成本等方面,向与会者介绍了具有环保性能的纸质展具的特点和应用,分享了如何以实际行动践行绿色、低碳发展理念。

参会代表紧紧围绕推进行业绿色会展展开了头脑风暴,上海贸促展览展示有限公司总经理许润禾和大家分享了纸质展具在"上海书展·阅读的力量"中部分特装展台、标准摊位、会议展具、模块化展具等不同场景中的应用。

该次沙龙活动,是协会贯彻落实国务院《关于加快建立健全绿色低碳循环发展经济体系的指导意见》(国发〔2021〕4号)的要求,推进会展业绿色发展、制定行业相关绿色标准、推动办展设施循环使用的具体举措。纸质展具与会展行业融合应用的案例,为绿色会展的发展提供了新的思路,相信在未来,将有更广泛的应用空间和前景,成为绿色发展的新趋势。

长三角会展研究院 2021 年工作总结

长三角会展研究院

尽管受新冠疫情影响明显,但自 2020 年 10 月 12 日正式成立以来,长三角会展研究院(以下简称"研究院")坚持服务进博会、主动对接长三角区域一体化发展国家战略以及服务长三角会展联盟成员的宗旨,积极整合国内外特别是长三角地区的政产学研资源,并依托研究院的专家网络,联合打造国内具有影响力的会展研究智库和行业人才培养高地,在职业培训、社会服务和专题研究等方面取得了明显进步。

一、用系列化研究成果服务进博会

2021 年 5—11 月,研究院承接了上海市商务委员会商务发展专项调研竞标项目——"关于放大进博会溢出带动效应专项调研"。课题组综合使用文献梳理、专家访谈、实地调研等方法,在梳理全市在承接进博会方面的重点项目、平台和载体建设情况并分析领导人重要讲话、主要政策文件和相关理论框架基础上,构建了进博会溢出带动效应评估指标体系,并对 2018—2020 年三届进博会的溢出带动效应进行了初步测算和分析,进而提出了进一步放大进博会溢出带动效应的具体政策建议。在此基础上,撰写了《进一步放大进博会溢出带动效应,为上海社会经济发展注入新动力》专报。

2021 年 11 月,由研究院联席执行院长王春雷教授团队完成的《进博会促进国际会展之都建设研究》被中国社会科学院、上海市人民政府上海研究院主编的《进博会蓝皮书：中国国际进口博览会发展报告（No.3）》收录。此外，由王春雷教授撰写的《以进博会为契机，推动上海全面建设国际会展之都》专报获得上海市主要领导批示，该专报从分析当前上海会展业发展存在的主要不足入手，从打造更加创新和开放协同的会展行业管理体系等8个方面，提出了下一个阶段上海会展业发展的创新对策。

二、用高水准行业培训赋能会展企业

为满足会展行业发展需求，提高长三角地区会展企业综合竞争力，虽然受到新冠疫情影响，但研究院和相关合作单位仍克服各种困难，先后圆满完成了2020年度上海市会展管理专业技术水平认证的高级和中级培训及认证考试工作。其中，高级班42人，中级班78人。培训班的师资队伍由政府相关部门官员、企业具有丰富实战经验的高层管理者和高校具有扎实研究水平的教授学者组成，同时也充分依托了研究院的专家顾问力量，体现了研究院的开放性和协同性。特别是高级班的培训形式和内容有明显创新，受到了学员的一致好评。

上海市会展管理专业技术水平认证培训是上海市会展行业协会自主开发和推出的一个品牌培训项目，在业界享有良好声誉。根据上海市会展行业协会和上海对外经贸大学的合作框架，自2020年起，该培训由研究院承办，未来还将陆续推出异地定制培训等项目，旨在为上海和长三角其他省市培养更多高素质的专业会展人才。

三、用创新性活动推动行业发展

2021年，长三角会展研究院先后以联合发起单位、协办单位、学术支持单位等名义，参与了中国会展行业数字化调研（2021）、第12届中国会展教育年会暨第7届会展业未来领袖论坛、第5届上海市大学生"三新"活动策划大赛等活动,积极为行业发展出谋划策。

其中,2021年初,研究院和中国贸易报社会展产业委员会、中贸国际智库、中国会展经济研究会数字会展工作委员会、31会议共同发起会展业数字化专题调研活动,以期帮助政府和行业主管部门了解会展业数字化发展的现状、问题和诉求,同时为企业的数字化决策和院校人才培养提供参考,受到了广泛关注。2021年11月27日,由上海对外经贸大学和中国会展经济研究会联合主办,"第12届中国会展教育年会暨第7届会展业未来领袖论坛"成功举办,研究院及研究院多位专家顾问提供了重要支持。受疫情影响,该次活动采取线上线下相结合的方式进行,在上海和北京开设线下会场,同时全程线上直播。活动共分主题演讲、实践、洞见、关联和荣誉等7个部分,通过主题演讲、演讲比赛、专题对话、平行论坛、世界咖啡等多种形式,围绕产业发展、会展教育、产教协同等话题,进行了深入研讨。据统计,共有来自全国15个省市的54位嘉宾先后发表主题演讲或发言,线上线下累计有500余人同时参会,直播通道总浏览量1.3万人次,照片直播浏览量达到1.5万人次。

四、用高质量咨询成果服务地方经济

2021年5—9月,受青浦区商务委员会和青浦海关委托,长三角会展研究院研究员、上海对外经贸大学会展经济与管理系黄辉博士团队主持了"承接与放大进博会溢出效应的青浦实践与提升策略研究"。该课题评估了青浦区承接进博会溢出的主要成效,总结了青浦承接进博会溢出效应的实践经验,分析了青浦进一步放大进博会溢出效应的主要挑战,在此基础上,提出了青浦进一步放大进博会溢出效应的具体对策。

此外,近两年,研究院科研团队在上海市艺术科学规划项目"上海市美术馆评估机制研究""上海市博物馆观众体验评价指标体系与提升策略研究"、上海市决策咨询委员会项目"阿姆斯特丹的旅游目的地品牌化与品牌资产管理策略研究"等课题基础上,在旅游、文博经营与管理领域也承接了相关咨询业务,服务单位包括广富林文化遗址、上海天文馆等文博企业。

面临疫情常态化等新的形势,长三角会展研究院将继续坚持初心,围绕高端智库建设、学术研究、校企合作、职业培训等主要领域进行创新,为长三角地区会展业及会展教育、科研发展创造更大价值。

交　流　篇

保持战略定力，规划发展动能，助力行业复苏

国家会展中心（上海）有限责任公司

2020年以来，新冠肺炎疫情对会展经济带来了巨大冲击。在这场大考中，中国会展业得益于我国统筹疫情防控和社会经济发展的成果，在全球率先复展，但面对诸多不确定因素，仍面临巨大挑战。国家会展中心（上海）作为超大型会展场馆，坚决落实属地防疫要求，在上海市商务委和市会展行业协会的关心支持下，保持战略定力、谋划发展动能、强化服务管理、助力行业复苏，努力为会展业早日复展和持续健康发展发挥积极作用。

一、风雨同舟,守望相助

疫情以来,国家会展中心(上海)在上海市会展行业协会的支持下,会同上海主要场馆发出并持续落实行业倡议,维护会展业发展环境。在做好疫情防控措施的同时,优化现场服务措施,积极提供有力档期资源,维护好中小微会展企业的生存环境。2020年以来,国家会展中心(上海)共举办各类展会活动超过80场,办展规模近900万平方米,高效落实倡议承诺,维护会展行业发展环境。作为会展综合体,国家会展中心(上海)积极履行国企社会责任,持续优化营商环境,延续"暖人心"营销举措,持续对中小型商办租户提供纾困举措,携手合作伙伴共渡难关。

二、科学管控,夯实根基

国家会展中心(上海)坚持业务发展与运营管理"两手抓、两促进"。

应对大型展会的举办防疫要求,不断总结常态化疫情防控工作经验,制定大型展会疫情防控工作方案,聚焦"人、物、馆"等重点,充分利用科技防疫手段,做好人员、展品、场馆管控,确保展会防疫安全。相关做法在会展同行中得到广泛借鉴和使用,为促进展览业持续安全举办提供机制保障。在做好防疫保障的同时,全面推进智慧展馆建设,数字化、智慧化管理理念得到全面延伸,已经完成场馆综合管理系统集成和业务运行全覆盖,实现"一网观国展、一网管国展",为现代化场馆高效管理赋能。在此基础上,国家会展中心持续强化内控管理,拓展大安全管理理念,全面梳理运营风险,切实有效化解一批运营风险问题,为企业长期健康稳定发展奠定基础。

三、全力以赴,办好进博

中国国际进口博览会(以下简称"进博会")是世界上第一个以进口为主题的国家级博览会,至今已成功举办四届。作为承办单位和举办地,国家会展中心大胆探索、积累经验,逐步形成了具有国家会展中心(上海)特色的大型展会运营服务保障体系。面对贸易保护主义的逆流、全球疫情大流行的挑战,第四届进博会办成了一场"成功、精彩、富有成效"的国际盛会。企业商业展展览面积达到36.6万平方米,实现意向成交金额707.2亿美元(按一年计)。彰显了我国疫情防控和经济社会发展的重大成就,进一步强化了国际采购、投资促进、人文交流、开放合作四大平台功能,成为新发展格局的示范窗口、高水平开放的有效载体、多边主义的世界舞台、全球共享的国际公共产品。不少进博会现场管理经验和工作方案正在向日常商业展延伸,为整体提升市场化展会效能提供方案智慧。

四、保持定力,提振信心

加快会展业尽快恢复,对服务构建新发展格局具有重要作用。会展业国际性强,有利于加强各国间的经贸交流与合作,增加高质量产品和服务的供给,持续推进供给创造需求、需求牵引供给的动态平衡,实现国内大循环和国内国际双循环的有机连接。会展业是经济发展的"风向标",助力会展业的高质量发展,有利于提升产业支持力度和城市综合竞争力,形成高质量发展的强大动力。会展业的经济带动效应强,加快会展重启复展步伐,可以积极发挥展会拉动作用,为上下游物流、广告、布展等各行业创造新发展机遇,恢复展会业相关中小企业发展生机,提振现阶段会展业相关各方发展信心。因此,在疫情防控常态化背景下,更需要我们根据实际情况找到疫情防控和会展业发展的平衡点,周密安排,精准施策,激发会展经济活力,形成积极健康的发展态势,推动社会经济共同发展。

当前,国家会展中心正加紧落实《国家会展中心(上海)发展规划(2021—2025)》,朝着世界一流会展企业的目标努力前进,并将持续围绕促进产业链整合、服务会展企业综合能级提升、规范行业标准等方面努力探索,与上海会展业同仁一道,共同构筑起安全、放心、绿色的会展生命线,迎接会展业早日复苏,为持续深化上海国际会展之都建设发挥积极作用。

"破局 2022"
——上海博华国际展览有限公司的创新和发展

上海博华国际展览有限公司

在过去的2021年,受到新冠疫情的影响,上海博华国际展览有限公司(以下简称"上海博华")旗下展会,如世界制药原料中国展(CPhI China),中国国际家具展览会(Furniture China)虽然经历延期至年底仍然无法举办而再次延期的情况,当年业绩受到影响,但公司依然在如下一些领域取得了突破。

(1) 2021年三四月间,首届上海旅游产业博览会在上海浦东浦西二地三馆四展顺利召开,展览吸引了37万观众,5 000家展商,总规模达60万m^2。这是上海博华几大品牌展会的上海联展,它的成功举办是一个重大突破。

(2) 古镇灯博会,广州烘焙展,HOTELEX广州、成都、天津展等的成功举办,完成的面积数占全年公司总数的1/4,使公司区域发展战略取得决定性的突破。

(3) HOTELEX互联网线上收入取得重大突破。

(4) PROPAK创设机器人馆,首次招展吸引主流企业参展,也是一种突破。

(5) "思享会"是CPHI非展期以会带展活动的一次成功尝试,"智药研习社"线下培训会,制药在线团队大胆启用90后和新入职员工,仅用一个月时间准备,成功举办单场会议并取得可观收入,都是突破。

(6) CCE清洁展团队,销售逆势增长,成都联展,首战告捷,取得突破。

2021年上海博华依然有多个项目实现面积增长,是一种逆势增长的突破,2019—2021年,三年间博华共举办各类会议和活动1099场,这也是一种突破。

面对外部环境种种的"不确定性",我们既要有危机感,正视当下的危机是切实存在的,也要有把危机感转化为突破的动力,化危为机。上海博华过去15年在互联网发展中所沉淀的技术、人才、团队,在线平台和信息流,为公司迈向数字经济的转型发展打下了坚定的基础,上海博华始终充满信心,将从以下几个方面重点进行变革和突破,面向未来。

(1) 突破思想的禁锢。博华人需要敢想敢为,敢想敢当,要突破公司还是单一展览会独大的经营模式;要主动寻求改变,迎接数字经济的挑战。

(2) 突破增长的局限。公司要将线下业务和线上业务进行独立核算,并驾齐驱;在公司体制架构方面需求突破,各个细分领域预算分别设定,实现收入突破。

(3) 突破创新的边际。上海博华既要巩固线下展览项目的收入,也要寻求基于大数据等的创新之举,要实现博华整个生态圈资源整合创新收入的突破。

(4) 突破人才的框框。公司要致力于培养人才,要从内部提拔一批有能力、有创意、有领导力的,年轻一代的中高层领导和中小团队负责人,从外部引进数字经济新人才,全面打造数字经济团队。

(5) 建立新的增长基因。公司各部门,各级领导,全体员工要改变按部就班的思维模式,建立一种富有活力的基因,一种在思想上、精神上和行为上等各方面有益于增长的基因,有益于数字化转型的基因。

(6) 突破薪酬体系。公司奖金的分配框架要向数字化创新增长进行倾斜和鼓励。

(7) 实现可持续增长的突破。在企业文化层面和组织结构,诸如通过公司内部读书会和专委会,要建立起可持续的发展势头。

在数字经济时代,坚守传统模式是逆水行舟,不进则退。上海博华要引领数字经济时代展览公司的创新之路。2022年是公司创新突破的元年,也是未来20年新长征的起点。

拥抱变化，绘就新局

上海市国际贸易促进委员会

作为上海国际展览业的源头，上海市国际贸易促进委员会（以下简称"贸促会"）会展业务的发展从一个侧面见证了中国会展业从起步、发展，走向成熟的历程。

经过多年的耕耘，上海市贸促会已经构建起以上海市国际展览有限公司为主体，业务涵盖境内外的会展主承办、云上展览、展馆运营、展览运输、展示策划设计等会展全产业链。上海市贸促会在坚持服务国家战略的同时，走市场化运作的道路，目前年度办展面积已超过 150 万 m^2，主要涵盖三大类题材：包括以上海车展为代表的工业题材；以乐器展为代表的消费题材；以上海书展为代表的文创题材。其中，由上海市贸促会主办的汽车展和乐器展已成功跻身全球百大商业展会，位列第 5 位和第 88 位。

上海市贸促会始终以"同频共振、服务大局"为目标，全面服务国家战略：从首届进博会开始，上海市贸促会负责进博会汽车展区的招展招商、参与上海交易团等工作；服务"一带一路"倡议，创办"一带一路名品展"；服务长三角一体化战略，创办"长三角文博会"和"长三角防疫减灾展"；服务国家"碳中和"战略，正在筹办首届 2022 "碳博会"和"低碳智慧出行展"。同时，上海市贸促会与阿里巴巴集团共同组建了云上会展有限公司，积极推动会展行业创新发展。作为上海会展业的主力军，上海市贸促会发挥贸促资源优势，助力上海国际会展之都建设。

会展业在服务业复苏中起着极其重要的作用，当今世界正在经历百年未有之大变局,面对疫情后外部环境逆全球化的冲击和中国的新发展格局,我们需要积极谋划,实施新的战略和举措。

一、贯彻落实"稳中求进"总方针

在贯彻"稳字当头、稳中求进"总方针,畅通国内大循环的政策导向下,会展业要发挥好经济发展助推器、催化剂和宣传口的先导服务作用。会展业要深入产业、融入产业、研究产业发展动态,为"双循环"新格局下中国产业链的重构,供应链的再建和价值链的提升做出努力。

二、提升中国会展业区域合作水平

由于各地会展业基础和办展经验等差异较大,会展产业在各地的发展也不尽均衡,主办方应根据各自的办展资源,积极探索会展业区域合作,促进共同发展。

三、提升会展业服务能力,优化价值链

一是要利用好信息技术的创新,加速推动线上线下融合发展。二是要主动把展会价值链从生产和消费这两端延长到产品研发、设计、流通、认证和售后等更多环节,提高展商和观众的"获得感"。

疫情确实给我们带来了很多冲击、很多变革,但阻挡不了中国会展业发展的脚步,阻断不了我们携手共进、合作共赢的信心和行动。在这个新的转折时刻,我们必须要说,中国会展业正处在风华正茂的时代,作为中国会展业的重要力量,上海市贸促会愿意与大家共克时艰,携手发展,共同承担时代赋予我们的使命和担当。

CBE+，全域赋能美妆产业
——绿色展览，深耕产业

上海百文会展有限公司

在全球疫情持续的时代背景下，整个展览行业都在经历前所未有的挑战，上海百文会展有限公司在上海市会展行业协会的带领下积极行动：一方面，在做好疫情防控的同时，积极开展；另一方面，深耕美妆产业，积极创新，加快展会数字化转型。

一、+数字化，探索云上新展览

经过两年多的探索，CBE不断优化升级数字化服务产品，2022年继续以"云逛展"为中心，打造365天线上精准商贸服务平台，孵化超过100个精准私域社群，以线上国际配对会等形式激活全球美妆资源，同时逐步运用数字化工具实现线下展会云端化，线上线下相互赋能。

二、+科技力，重构产业新生态

CBE在6年前率先在产业内发起关注"科技力"的活动，2022年将聚合1000+供应链企业，并以"美妆科技周"在技术领域重构产业新生态，从新机制基础研究到产品技术、配方体系创新等50余场科技相关活动，探索美妆产业科技的前沿与趋势，开启美妆产业的科技爆发元年。

三、+新锐，挖掘行业新"能源"

时代迭变，产业同样经历实时的新旧更迭。在新消费时代中崛起的新锐品牌，以创新方式突围，成为产业中极具潜力的新生力量。2022年CBE深挖行业的新"能源"，打造相应的新锐生态馆与新锐创新SHOW，聚合新兴的生态资源，从供应链到渠道圈层，到科技、IP、传播等全域扶持新锐品牌，为产业源源不断地注入新鲜"血液"，为市场提供更多的优质选择。

四、+价值，引领产业新趋势

一直以来，CBE都在思考会展平台的价值内容。除了传统的商贸与信息传播价值，CBE新一年更将与产业共创新价值。为此，CBE根据当下美妆行业的变化，不断开拓包括私域团购及跨界零售在内的新兴买家群体；联合社交媒体平台，如阿里巴巴、京东美妆、抖音、快手、小红书等，合作乃至孵化达人，重构媒体矩阵，触达上亿消费者，为每一家展商创新链接传播资源。

五、+环保，打造绿色展会新生态

CBE历来倡导"简约、调性、绿色"的展现形式，2022年继续呼吁3600+家展商，将更多精力、财力放在与买家的沟通上，获取更多商机。同时，CBE组委会还将继续投入，为展商搭建模块化的绿色展台，推动展商采用绿色环保的搭建方案。

在现阶段疫情常态化的情况下，CBE不仅关注展期的安全防控工作，确保千家组团万人万码的"安全、有效、人气旺"的展会氛围,更重要的是深耕美妆市场,从产业需求出发,以创新形式全域赋能,助力美妆产业构建新生态。

做正确的事情，迎灿烂的春天

上海景桥会展服务有限公司

景桥和所有会展界的同仁们一样，都面临着"新冠疫情下的新挑战"，如何选择与应对是大家一直以来不断在探讨的话题。现代管理学之父彼得·德鲁克说："做正确的事情比正确地做事情更重要"。我们认为做正确的选择是企业发展的根本。所以"做正确的事情，迎灿烂的春天"，正是景桥在新冠下对行业及工作始终不变的态度。面对疫情，景桥分别从组织赋能、员工关怀、客户体验、伙伴支持、创新未来5个方面来思考，公司坚持以"长期主义+乐观心态"来面对疫情给行业带来的不确定性下的新期待。

一、你有多爱组织，组织就会多爱你

会展行业可谓是受疫情影响最大的行业之一，但景桥人坚信那句话"听党指挥，能打胜仗"；也坚信我们的协会也在为会展行业能早日恢复展会而不懈努力。在这里也借用一下陈先进书记《疫情下的行业思考》中的三大观点：① "深刻理解百年之大变局"；② 正确估计会展行业的价值；③ 实体会展还是展会硬道理。国家对会展的政策出台，加上陈书记对会展的充分肯定，也打消了会展人很多的焦虑，让我们充满了信心。景桥人更加坚定地"追随组织的步伐，吹响胜利的号角"。

二、景桥存在的唯一意义就是让每一位景桥人,都能在有景桥办公室的城市里生活得更好

人都有情感都需要关怀,优秀的奋斗者是企业发展的根本,景桥存在的唯一意义就是让每一位景桥人在有景桥办公室的城市里生活得更好。"以奋斗者为本"是景桥的核心人才价值观,我们提倡多奖励少惩罚,甚至不惩罚。在2020年初我们积极努力第一时间复工;增加奖励,给同事更大的信心;更是加大投入,坚定信心,时刻招聘,持续扩张。在会展事业道路上永不停歇,如果选择了悲观,行业一旦快速恢复我们便失去了战斗力,失去了服务客户的能力。这也违背了景桥"以客户为中心的"的核心价值观(图1)。

上海景桥　　　　　北京景桥　　　　　深圳景桥

图1　景桥三家分公司

三、以客户为中心，和客户成为命运共同体

客户在哪里景桥人就在哪里，终身客户，终身服务。由于疫情的影响，许多展会取消，但品牌的传播需求并未因此停止。客户业务类型从原先的展会为主变得多元化，许多客户通过会议/活动/展厅/店面/直播等线上线下的方式进行传播。服务地域多点化，服务的地点也从一线主流城市的大型展馆到更多二三线城市的展馆、酒店、商场乃至客户公司。与客户签订长期战略合作，和客户签订年度合作、多项目打包合作的合作模式，更多的站在客户的角度思考问题，始终维护客户利益最大化。聚焦重大行业，多元化开展业务；聚焦领袖企业，全球性服务客户；聚焦会展营销，深度多渠道传播（图2）。

TCL重庆百货会

正大美食节/东来年会

宜兴"双招双引"/华硕展厅　　　　DECATHLON活动

图2　聚焦重大行业，多元化开展业务

四、每个企业都是社会的企业，合作伙伴是景桥的第一战略资源

景桥坚持"以合作伙伴为傲，共建生态产业链"的合作理念，分别从四大方面给予伙伴最大的支持。第一，资金支持，所有的企业都不是孤立的个体，保证上下游合作伙伴的资金健康才能保证我们和客户的最终利益。也就是说我们的合作伙伴有任何资金困难景桥都会给予支持。第二，资源共享，所见即所得，在景桥没有所谓的商业秘密和独家资源，习主席说的：新时代，共享未来。景桥的所有资源对每一位合作伙伴开放。第三，风险共担，在景桥没有所谓的甲方乙方，签了合同都是一方，任何情况下我们对合作伙伴都是100%信任，更勇于担责。第四，包容理解，景桥人始终站在

合作伙伴的角度,穿上合作伙伴的鞋子思考问题。允许犯错,但不允许在一个地方重复犯错。好的企业发展需要创建更加生态的产业链,只有大家好了整个行业才会更加健康有序,景桥人也将在这个目标上继续努力(图3、图4)。

图3　景桥参加"第四届进博会"　　　图4　陈书记、屠秘书长一行莅临景桥展位指导工作

五、创新,就是做面向未来的事情

创新,就是创造一种资源。当今企业间的竞争不是产品之间的竞争,而是商业模式之间的竞争。在景桥看来目前的创新有如下4点。

➢ 做正确的事情,做正确的事情比正确地做事更重要,正确的选择即创新;

➢ 以客户为中心,为客户创造价值,帮客户解决问题,才是正确的创新;

➢ 以奋斗者为本,景桥认为培养优秀的"奋斗者"是公司创新的根本;

➢ 让平凡的人做出不平凡的事,把成功变为可复制,把优秀变为可复制,就是企业的创新。

当然与组织在一起更是正确是事情,景桥赞助大湾区会展创新峰会,参加中外投资洽谈论坛,参加进博会等我们都认为是正确的事情(图5)。

图5　中国联通与景桥会展集团签订五年战略合作协议

景桥认为:创新就是善于发现正确的事情,创新就是敢于实践正确的事情,创新就是从行为主义到行动主义的转变。

悲观者也许正确,但乐观者终会赢得春天。

迎难而上，越挫越勇，上海迈勒士艺术展会如何在逆境中砥砺前行

上海迈勒士文化传播有限公司创始人　丁　霖

2019年至今，注定是人类历史上不平凡的几年。

面对持续的新冠疫情，国内的会展业举步维艰，我们被迫"留守"在家，我们被迫推延和取消展会，但也因为这次疫情，带给了我们更多新的思考。

有人说，艺术在灾难面前显得很无力，它不是科学无法治病，也不能帮助我们战胜灾难。话虽如此，但这并不代表艺术在灾难面前毫无意义。尤其在危难时刻，艺术总能凭借其独特性形成一股强大的力量，鼓舞士气，感化人心，传递温暖与慰藉。

上海迈勒士文化传播有限公司（以下简称"迈勒士"）自疫情以来将公司业务重点放在艺术会展的策划、运营及技术支持服务上来，致力于把艺术带入每座城市，每个市区，每个组织，让艺术成为人类无处不在的链接，在疫情之下构建一种有温度的价值认同体系；从精神层面上来说，用"失去"来反衬"拥有"，用"艺术"来呈现"美好"，不仅从另一个侧面反映了对生活的热爱和生命的激情，而且能够削弱现实疫情的阴影，更具有现实意义。

上海迈勒士艺术会展从2018年以来总共运营及服务超过数十家的大型美术馆和专业艺术机构，在其他展会业务饱受疫情不确定性的困扰下，艺术会展却年年递增，年年高，实现了逆境中的大放光彩，客观地来说，这也要归功于以下三大方面的因素。

1. 整合及引进全球内外艺术资源，拥有强势的核心竞争力

迈勒士成立于2008年，是一家整合型的文化传播公司，拥有丰富的国际艺术资源，包括美术馆、博物馆、艺术学院、艺术基金会等；2021年，从国际的"马克·夏加尔、皮埃特罗·阿尼戈尼"等西方大师经典展系列到国内的"青春王国"青年艺术家群展系列，迈勒士艺术会展不管从展会体量、宣传力度、参观人数上来说都名声在外；其中"马克·夏加尔"展历时70天，参观人数更是高达5万人次。同时，我们扎根北京、广州、上海、深圳等地，助力当地艺术产业的升级发展。

2. 细分化、多元化的艺术市场，撬动合作与消费潜力

迈勒士的艺术展会在不断的挫折、摸索中成长。一路走来，迈勒士艺术会展以主办、承办艺术展览为核心，并为美术馆、艺术机构、艺术家等提供各类策划、运营及技术支持服务。在不断细分艺术运营市场的前提下，从线下的运维保障服务到线上的推广营销服务，迈勒士都在不断提升和完善业务板块；其中"引进主办运营""协办筹划运营"的艺术展近几年来都以3~5倍的速度高速发展。此外，对于有需求的品牌方来说，多元的艺术展合作也会为品牌方规避掉繁冗的艺术展授权及合作流程，达到合作共赢。

3. 科技创新，推动产业链升级

迈勒士一直以来不断地研发和升级技术系统，为更多美术馆提供数字化票务系统、线上元宇宙美术馆展厅系统、美术馆艺术作品馆藏系统等针对美术馆痛点的数字服务系统。

特殊时期特殊应对。我很喜欢当年海思总裁何庭波说的一句话，稍微修改一下："前路（也许）更为艰辛，我们将以勇气、智慧和毅力，在极限施压下挺直脊梁，奋力前行！滔天巨浪方显英雄本色，艰难困苦铸造诺亚方舟。"以此共勉！

扬奋进之帆，谋未来之远
——西虹桥商务区交出第四届中国国际进口博览会"精彩答卷"

上海西虹桥商务开发有限公司

第四届中国国际进口博览会（以下简称"进博会"）成果丰硕，亮点纷呈。根植全球开放土壤的"四叶草"云集127个国家和地区近3 000家参展商，西虹桥商务区城市形象和内涵在全球聚光灯下再次精彩展示。作为进博会永久举办地，西虹桥充分发挥"近水楼台先得月"的主场优势，率先启动、率先发力、率先见效，紧扣"四个提升"，全面提升了溢出效应显示度、招商引资辐射度、服务保障精细度和城市品牌美誉度，为进博会"越办越好"拿出了西虹桥方案和行动。

一、溢出效应"显示度"再上新台阶

1. 西虹桥企业再签进博会"首单"，采购金额创新高

第四届进博会开幕首日，西虹桥企业云嘟科技与参展商行云物流商贸签署7亿美元采购意向订单，成为上海交易团签下的首张采购订单。至此，西虹桥企业连续两届进博会签下上海交易团首单，采购金额同比增长40%。西虹桥服务团队提前排摸采购意向订单，牵头成立"采购对接工作群"，协助企业完成上海交易团后台系统申报工作，落实专员为企业提供全过程全环节服务，为"首单"产生贡献了西虹桥力量。

2. "首照首证"齐发，德国组展商落户西虹桥

2021年11月5日上午，第四届进博会首张营业执照和经营许可证不

到两小时办结,德国功能性面料展组展商在西虹桥注册成立上海腾时会展服务有限公司,同步入驻西虹桥"6天+365天"平台国际时尚创意展示交易中心。中心将充分依托西虹桥资源优势开展功能性纺织品展示交易相关业务。

3. 搭建贸易桥梁,推动"6+365"平台扩容升级

西虹桥4家"6天+365天"常年展示交易平台不断放大进博会溢出效应,目前已有欧美工商会、新加坡工商会、南非跨境电商协会等30多家贸易机构入驻。与国家会展中心一街之隔的绿地全球商品贸易港作为采购商和组展商参展,共引进63个国家馆,吸引76个国家和地区的180多家客商入驻,其中164家接获意向采购订单,累计金额5.3亿元。西虹桥与"6天+365天"平台已建立"长效跟踪服务机制",长期为平台关联企业提供注册落户、政策申报、项目运作等一站式服务,为企业搭建高效便捷的"服务之窗"。

二、招商引资"辐射度"再上新台阶

西虹桥服务企业有热情,有智慧,更有创新理念。第四届进博会筹备期间,西虹桥聚焦"打造招商队伍、紧盯招商实效、创新招商模式",制定精准有序的招商方案,以"破竹之势"推动一批优质企业及项目落地,实现进博会与区域发展的深度融合。

1. 高扬战旗,打造进博招商先锋

西虹桥激发全员招商活力,联动"6天+365天"平台、海外贸易机构、行业协会、西虹桥开发商联盟等各方力量组建"小彩虹招商团",合力打造一支"用情用心用力、在岗在行在状态"的专业招商队伍。第四届进博会进入倒计时3天之际,西虹桥隆重举办"小彩虹招商团"誓师动员大会,吹响"投身进博、建功进博"集结号,营造招商若渴、竭诚服

务的浓厚氛围。进博会期间,招商团累计进馆人员91位,常驻展馆人员50位,截至进博会闭幕,招商团成员已达150位,形成强大招商合力。

2. 紧盯目标,确保招商出实效

"小彩虹招商团"通过6天"贴身"服务,与展商展开"面对面"深入交流,累计排摸170家参展企业,收获意向落户企业60家,其中腾时会展、德沃康等5家企业已经落户,还有一批落户意向明确的企业正在积极洽谈。

3. 创新模式,打开招商新局面

(1) 彩虹招商分类法。在招展、备展、迎展期间,"小彩虹招商团"全面梳理展商信息,制定招商信息详实的目标清单,并用"彩虹招商分类法"进行标注,其中,初次参加进博会且有落户需求的展商,标记红色;在上海设立办事处但未注册公司的展商,标记黄色;在上海无办事处、暂无落户意向且尚未注册公司的展商,标记灰色;进博会组展商、境外商协会等机构,标记绿色。按照优先序列,招商团有计划、有重点地开展招商工作,有效提升了招商针对性和成功率。

(2) "馆长"负责制。西虹桥在进博会各展区分别部署招商分队并指定一名"馆长"带队。展会期间,招商经验丰富的"馆长们"锁定目标企业清单,充分发挥主观能动性,带领馆内"服务员"与参展企业展开"多频次、多对一"精准对接,确保打赢招商"攻坚战"。

(3) 领导带队招商。西虹桥招商团紧跟招商节奏,按照"前期宣介、中期跟踪、后期落实"模式,全方位打好招商"组合拳"。首轮沟通落户意向,收集企业需求信息;二轮专人上门服务,"点对点"为企业答疑解惑;三轮领导带队,提振企业投资发展信心,推动项目加快落地。

三、服务保障"精细度"再上新台阶

1. 发挥主场优势,增设便捷核酸采样点

西虹桥充分发挥进博会主场优势,携手东浩兰生集团在国家会展中心对面的首位奥特莱斯增设核酸采样临时点,为西虹桥参展商及采购商提供采样服务,成为进博会最便捷核酸采样点。

2. 打响"4A 服务品牌",构建国际化营商环境

进博会汇聚全球客商和大批新产品、新技术,对西虹桥服务团队的国际视野和专业化程度提出更高要求。借助西虹桥大讲堂平台,西虹桥公司相继举办进博实用英语、演讲与口才、商务礼仪等十余场培训课程,助力招商人员以更新面貌、更专业姿态"进军进博",打响"西虹桥4A服务品牌"(anytime、anywhere、anything、active service),着力构建国际化、便利化服务体系。

3. 搭建展业桥梁,推动会展产业提质升级

西虹桥目前已集聚会展企业164家,高标准打造虹桥国际会展产业园,打造上海国际会展之都核心承载地。依托会展资源优势,西虹桥聚集产业链实施精准服务,为第四届进博会参展商和会展服务商搭建合作桥梁,并提供展台布局、路线引导、活动策划等全方位咨询服务。第四届进博会开幕第二天,西虹桥联合区商务委会展科,邀请参与该届进博会服务的会展企业举办展商服务体验分享会,深入交流各方在展会策划、运营、管理等方面的有效做法和宝贵经验,共同探讨推动展会服务升级的有效举措。

四、城市品牌"美誉度"再上新台阶

西虹桥汇聚"政产学研企"各界人士,打造"天天有活动、日日有精彩"

的进博体验。本届进博会,西虹桥先后举办、承办及支持第四届进博会溢出效应论坛、西虹桥商务区服务第四届进博会誓师动员大会、第四届进博会"首单"签约仪式、第四届进博会"首照首证"颁发仪式、2021会展服务企业分享会、2021展商投资合作交流会、第四届进博会青浦区重点项目圆桌会、2021拥抱进博首发季、2021康复辅助器具产业创新论坛等一系列规格高、影响广、内容精的活动,投资促进机遇不断,思想交流丰富多彩。新华社、人民日报、解放日报、文汇报等30余家主流媒体争相报道,西虹桥知名度、美誉度和影响力跃升。

西虹桥新晋地标首位奥特莱斯,作为上海市15个重点消费地标之一,"进宝"吉祥物首个裸眼3D视频全球首发,以震撼、逼真的画面效果向全球客商发出来自西虹桥的邀请,充分释放"开放枢纽、未来之城"城市魅力。

进博会为西虹桥商务区未来发展打开了一扇全新大门。今日西虹桥,作为三大国家战略交汇叠加的投资热土,已经成为上海及长三角地区接待世界各国的前堂客厅,成为资源集聚的国际贸易投资新平台和优秀企业大显身手的乐园。西虹桥商务区将在未来的"365天"持续发力,劈波斩浪谋发展,不拒众流汇江海,全力打造"永不落幕的进博会",将进博会溢出带动效应转化为推动经济发展的强劲动能。

多元战略,应对挑战

上海贸促展览展示有限公司

新冠肺炎疫情暴发至今已有两年多的时间,这期间旅游行业、餐饮行业、电影行业、外贸行业、零售行业以及我们所在的会展行业都受到了严重冲击。特别体现在展会报批难、办展难,而展会的停办、延期,又连锁影响到产业链中的场馆、搭建、运输等服务型业务,给会展行业带来了很大的损失。于贸促展示公司而言,原计划在2021年举办的长三角文博会和上海书展两个重点项目,延期到2022年,这其中所经历的担忧和无奈,相信会展业的同行们都感同身受。

上海贸促展览展示有限公司(以下简称"公司")是上海市国际贸易促进委员会下属的国有企业,公司自2011年成立至今,经过多年探索实践,逐步形成多元化的经营战略布局,主要有商业展会的主承办、场馆广告的发布、常设性展示工程三大业务板块。

虽然受到疫情等诸多因素的影响,但近两年公司的经营工作基本上仍然保持良好、持续的发展,这得益于公司从2015年即已开始重新思考、谋划公司未来的发展道路。在分析市场环境和公司特点后,确定了"多元化经营"的业务定位,并在2016年正式推行公司转型发展战略。"不把所有鸡蛋放在一个篮子里"的多元化经营思路,是有效降低公司经营风险的战略之一。

一、主承办展会,打造品牌化会展IP

经过积极筹办,公司于2018年成功举办了"首届长三角国际文化产业博览会",这是踏准时代步伐,响应长三角一体化发展国家战略的有力举措,至今已是第四届。长三角文博会由沪苏浙皖党委宣传部作为主办单位。这一个跨省市、以党政机关为主导的展览会,通过前三届的历练和沉淀,正在向市场化、专业化转型发展。

上海书展是上海的重点文化项目,贸促展示公司在2020年正式成为上海书展的独家承办单位。上海书展以"我爱读书,我爱生活"为主题,秉承着"立足上海,服务全国,服务读者"的理念,经历了17年的积累沉淀和品牌塑造。从一个区域性书展,逐步建立了"致力于推动城市阅读、面向广大读者,以零售为主"运作模式。未来,对于上海书展,公司将继续探索和挖掘展会累计举办17届的资源,探寻市场化之路,形成更具有市场价值的行动方案。

与此同时,贸促展示公司在近几年加大了主承办展会的市场拓展力度。2022年,贸促展示公司将与上海市委宣传部、市商务委、市文旅局、普陀区政府合作,在上海跨国采购会展中心举办首届上海国际MCN大会,关注新经济、新业态,推出新项目。另一方面,公司将立足上海,对接外省市,拓展长三角的会展市场,依托当地的产业特点和优势,与当地政府、企业合作,举办新的展会项目。

除了商业型展览会,公司还主承办了文创特展项目。2017年,紧跟当时风头正劲的文创特展风潮,公司和新西兰国宝级特效公司"维塔工作室"合作,举办了"奇幻魔方——探寻奇幻电影的秘密"主题特展,在文创特展领域积累了策展运营经验。

至今,公司仍在持续探索这一类会展业态。2022年2—3月,公司举办了"画上海——漫画中的上海风情"主题特展,以海派漫画的视角俯瞰新老上海的时代变迁,讲述中国漫画与上海这座城市密不可分的关系。

二、场馆广告，专业度提升服务品质

贸促展示公司连续多年承担了上海车展、中国国际进口博览会等项目的广告代理工作。近两年，新冠肺炎疫情对广告主造成了很大的影响，严峻的形势给广告销售工作带来了很大挑战。公司为此制定了针对性的预案和措施：一是提高资源规划，对总体规划进行优化扩充，努力拓展优质资源，为客户量身定制，充分满足各类客户不同的广告投放需求。二是未雨绸缪，提前启动销售工作。提前预判和提前销售策略起到了重要作用，极大克服了市场和疫情的影响。三是专业服务，提升现场服务质量，严格按照既定标准流程进行广告画面的审核、流转及确认发布，确保所有客户投放的广告安全、平稳地上刊发布，有序而高效地为客户提供专业的广告服务，极大提高了客户的体验。

经过连续多年的历练，贸促展示公司已经打造了一支高水平的专业服务队伍，为国内外广大客户提供了高质量的服务。

三、展示工程，高质量拓展经营道路

常设性的厅馆类项目占了公司展示工程项目的主要比重。比如，2015年，公司承接并完成了陈云纪念馆的展陈改建工作，并获得了全国博物馆十大陈列展览精品优胜奖。

2016年，公司承接了中医药博物馆建设项目，这是在中医药行业内享有很高知名度的场馆。近年来，公司还陆续承接了各地政府、企业的展示厅项目，在常设性展示工程领域开辟了一条道路。

此外，公司从2015年开始，连续承担七届世界互联网之光博览会的统筹运营、管理工作。2015年，习近平总书记到访第二届互联网大会，当时乌镇的弹丸之地,并没有专业的展馆设施,办展条件简陋。经过努力争取,受当地政府的邀请,公司派出精干队伍赴乌镇出谋划策,团队的工作得到博览会主办方的肯定,公司也因此获得了此项目后续的合作机会。7年来,公司已成为大会主承办方最为信任的合作单位之一,参与到大会筹备的各个环节。

近几年,贸促展示公司在主承办展会、广告代理、展示工程各个领域都进行了探索和实践,业务范围呈现出了多元化的特征,使得公司虽在疫情冲击下,但仍有着较强的抗击能力。公司总结了以下经验:一是加强自主研发,提升项目中的主控权。二是响应国家战略,围绕政府中心工作。三是多方联动合作,形成广泛的合作局面,公司的多元化经营需要联合社会各界的力量。

办法总比困难多,再艰难的困境都会有出路。当前,疫情的影响仍然是会展业的不确定因素,希望同行们能够抱团取暖,共谋出路,也祝愿会展业的各位企业家找到适合自己公司的应变之道。

疫情下,上海灵硕展览集团如何实现逆势增长

上海灵硕展览集团有限公司执行总裁　顾　瞻

"世界展览看中国,中国展览看上海",上海拥有国内最大最完善的国际化会展生态圈,是所有会展人的追梦之地。但自疫情暴发以来,全球会展业面临巨大困境,会展上下游格局被打破重塑,国内很多外展代理公司纷纷关停,部分业务单一的会展公司也遭受了重创甚至倒闭,上海会展业正面临着重重困难!在这样持续恶劣的疫情常态下,会展人不禁产生疑问:"会展业还是不是朝阳行业?未来会展业发展方向在哪里?"

可以肯定的是,会展业前途依然是一片光明!会展业的核心并不在我们表面看到的龙头主办或会展服务产业链,而是诸多产业发展过程中必然产生的市场行为。正是因为有各行各业的大力发展才催生出了线下集中交流、展示、交易的会展项目。所以疫情虽然重挫线下会展,但除了旅游等几个少数行业受疫情影响较大外,大部分的行业依然欣欣向荣,特别是在中华民族伟大复兴进程中,数字经济、新基建、新消费、新能源、智能制造等新老行业不断崛起,会展正扮演着不可或缺的重要角色。当前会展业受挫是短暂的,未来的中国会更好,会展业也必将随着中国各个产业的不断升级发展而做大做强。这也侧面解释了现在全国各地还在大力新建场馆的原因,体现了政府提前布局的谋略。

从上海灵硕展览集团有限公司(以下简称"灵硕集团")自身业务来看,受疫情影响也非常大。灵硕集团业务涵盖了展览、会议主办,国内外临展搭建,展厅展馆设计施工一体化三大块主营业务,是国内少有的拥有会

展全产业链服务的公司。疫情之后国际搭建业务归零,国内搭建业务也缩减了30%以上,布局北京和成都的多场展会取消,其他展会项目也饱受疫情不确定性的困扰。但集团整体营业产值不降反升,实现逆势增长,主要归功于下列几方面因素。

1. 布局优质行业赛道,扎根产业发展

服装、教育、体育是集团目前主要布局的三大产业。特别是服装和教育,是重要民生,近年来迎来发展红利。产业好,会展项目自然也迎来发展机遇。2020年和2021年展览总面积每年增长50%以上,全年总展览面积突破30万 m^2,其中上海服装母展就已达到16万 m^2。同时我们扎根产业,布局成都、深圳、北京、晋江石狮、浙江温州等地,助力当地服装产业升级发展。

2. 多元化发展

灵硕集团自成立以来一直坚持多元化发展路线,勇于尝试新的业务形态,自2008年从传统模式的搭建起家,后布局展览主办,会议主办,主场服务,又积极探索线上会展和展厅展馆建设,其中展厅展馆建设近两年每年以2~4倍的增速在高速发展,目前产值已经达到集团总产值20%,是利润贡献极为重要的组成部分。

诚然,多元化发展会有伴有管理困难、不够聚焦等诸多不利方面,但从风险控制角度来看,多元化发展尤为重要,大部分上市公司都是多元化发展的典范。疫情下更是会展公司有效出路之一。

3. 足够的细分

多元化带来的管理问题和展览项目做大做强,都需要通过足够的细分来不断聚焦。以集团主营业务为例,布局的每个行业做到足够的垂直细分,其中服装行业就按不同维度细分出"职业装、高端定制、园服校服、时尚运动、童装、汉服、服装新材料、服装供应链、服装智能制造"等近十大细分系列展,在足够的细分下,才能更好地服务所属细分领域,具备强市场竞争力。

以上是一些思考和实践,希望对大家有所帮助。疫情是一场危机,危中有机是亘古不变的真理。会展人如故步自封,苦等疫情自然退去显然过于被动;唯有尽快接受疫情常态化的现实并不断求新、求变才是上策!

作为从事会展近20年的会展老人,我热爱会展,我相信未来中国会展会更好!上海会展会更好!广大会展朋友们,你们也会越来越好!

同舟共济，团结合作
——让我们一起走向未来

中国太平洋财产保险股份有限公司上海分公司

作为中国太平洋保险(集团)股份有限公司(以下简称"中国太保")旗下主营财产险业务、服务上海经济与社会的属地分支公司，同时也是国内大型展会的主要保险服务商，中国太平洋财产保险股份有限公司上海分公司(以下简称"太保产险")上海分公司始终不忘"初心"——坚持"保险姓保"，通过创新的保险机制和工具手段、完善保障的产品和服务体系，不断提升在行业内的竞争优势，强化服务实体经济的责任感，助力上海国际会展之都的建设。

一、从"医护保"到"复产保"，疫情之下步履不停

疫情伊始，沪上医务人员一直奋战在抗疫一线，上海先后派出了八批次千余名医护人员驰援武汉。太保产险上海分公司与上海市医务工会签订协议，向全市25万名医务人员提供专属风险保障，以专业保险产品做医务人员最坚实有力的后盾。

随后，为贯彻落实党中央、国务院和上海市政府加快推进复工复产、复商复市的决策部署，太保产险上海分公司又分别在业内创新性推出"复产保"与"安心保"两大专属产品。"复产保"主要针对灵活就业行业的来沪复工人员，为疫情期间复工率较低、复工困难行业的灵活就业企业稳定就业提供金融支持；而"安心保"促消费商业保险则首次从消费者和商户的

风险防范角度出发,将商业需求端和供给端在一份保单中作为保障对象提供综合保险保障方案。

疫情之下太保产险上海分公司步履不停,始终在思考保险如何服务上海特大城市治理之道,为统筹推进疫情防控和经济社会发展贡献智慧与力量。

二、与"进博"如期相约,打造 PLUS 模式的太保服务

作为世界首个以进口为主题的国家级展会,2021 年 11 月 5 日,第四届中国国际进口博览会在上海如期举办。中国太保,作为进博会核心支持企业和指定保险服务商,向进博局递交总保额逾万亿元的"产、寿、健"一站式综合保险保障方案,太保服务进博会也从 1.0 升级为"全链条、全周期、数字化、多元化"的 PLUS 模式。

后疫情时代,中国太保结合国家会展中心风险需求和新场景下的新兴风险,为该届进博会提供了涵盖线下及线上人员、财产、责任、信用风险的全面风险保障。

同时,中国太保响应"绿色保险"战略规划,在第四届进博会上展示"绿色保险"和"智慧服务"领域的相关探索,发挥专业优势助推经济社会绿色发展,通过"模拟驾驶之好司机 PK 赛",融合 UBI 里程定价技术。通过"太 AI"智能定损工具、风险减量管理新模式"太好保"以及"智能换车预测"系统,讲述"数智保险"助力"智慧出行"的新思路。

三、多维度保险服务,助力会展业再出发

经历长达数月的沉寂,如今已进入到了"后疫情时代",线上、线下加

速融合、展会结构不断优化升级,会展业正在慢慢地蜕茧成蝶。作为一家富有社会责任感的险企,我们也始终在思考如何助力会展业再一次扬帆起航。

一方面,数字展会时代已然到来,网络安全保险应运而生,牢筑数字经济发展安全防线。在战略合作伙伴的支持下,中国太保已是布局网络安全保险的保险企业中的佼佼者。我们聚焦于网络安全中的数据保护,以企业数据资产的保护为切入点,帮助企业避免或挽回损失,推广和提升网络安全保险意识。保单的保障责任通常包括,第一方财务损失(如勒索损失),第三方责任赔偿(如信息泄露责任),以及扩展责任(如名誉修复)。保障对象则包括,存储信息、网络收入等。同时,也将太保服务覆盖到"保前安全测评、保中安全监控和保后应急响应"环节。

另一方面,基于展会天然具有的"社交"属性,线下面对面地接洽与交流永远是会展业发展壮大的核心。中国太保作为国内大型会展的主要保险服务商,一直致力于升级创新服务形态,助力上海国际会展之都的建设。多年独家及首席承保国际橡塑展、中国国际工业博览会、中国国际家具展等大型博览会,使我们具有丰富的展会服务经验。对于大型会展活动中的组织风险、人群密集的场所风险等,具备应急处置突发事件的能力和经验,能够有效地协助会展主办方建立专属的风险管理体系。保险服务产品包含货物运输险、展会责任险、人员意外险、艺术品保险、关税履约保证保险在内的16款基础保障产品和4款特殊保障产品。

当前疫情防控仍然存在着不确定因素,在做好长期抗疫准备的同时,我们也在结合之前这些宝贵的承保经验,推出疫情相关的会展行业专项保障。

2022年是"十四五"规划的关键之年,在大循环双循环的新发展格局下,中国太保将继续在市商务委、协会的关心和支持下,持续放大进博溢出效应,为会展业发展保驾护航,与各位同仁携手迈步,共赴美好的未来。

法律，为会展保驾护航

上海市律师协会会展与旅游业务研究委员会主任　钱晔文

2020年新冠疫情暴发，会展业遭遇了前所未有的困境，一度遭遇停摆状态。现阶段国内疫情仍有反复，疫情防控政策仍在持续影响会展业的正常发展。会展企业如何在疫情常态化趋势下生存、发展，成为业内各界人士关注的课题。

上海市律师协会会展与旅游业务研究委员会（以下简称"研究会"）作为上海市律师协会（以下简称"律协"）设立的专业研究会，集合了相关领域内专业能力出色的律师，一直致力于展览、会务、旅游、酒店等业务领域的法律研究及专业服务，为上海市会展业的蓬勃发展添砖加瓦。自疫情防控以来，研究会关注并关心会展企业面临的实际问题，积极与会展行业组织以及相关企业保持紧密联系，以开展线上咨询及线下论坛、讲座等多种形式，从法律专业角度为特殊时期的办展合规、有序复展发挥了积极作用。

2020年2月初，疫情突袭打乱了会展企业的正常经营活动。此时，研究会立即行动，主动与上海市会展行业协会、上海市会展业促进中心联系，共同于2月3日发起了"会展业防疫义务法律咨询服务"活动。研究会召集了在会展法律服务领域具有较高专业水准和丰富服务经验的13位律师组成律师服务团，通过电子邮件方式为会展业企业提供了为期58天的法律咨询服务。咨询的企业涉及展会的主办方、参展方、服务供应方等，咨询的问题包括因受疫情影响的企业用工、展会延期、合同履行、损失赔偿等方面。活动过程中，研究会的律师委员们每天执守、持续在线，为疫情防控的关键时期会展企业亟须解决的问题提供专业意见，以化解为引导保障各方利益。

2020年9月18日，随疫情防控日趋常态化，上海市律师协会、上海市会展行业协会、上海市商务行政事务中心（上海市会展业促进中心）联合举办了"2020疫情防控常态化下的会展服务"主题沙龙活动。活动中，研究会主任钱晔文律师向参加活动的会展企业分享了疫情影响下传统展会相关的合同履行过程中凸显的问题及相关处理建议，并指出了目前云上展会发展的趋势下可能面临的新问题，包括如何认定云上签约的有效性及合法性、如何保护个人信息、知识产权保护等新问题。

此外，为加强专业机构与行业协会、促进组织间的合作，共同推进上海市国际会展之都建设，上海律协、市会展行业协会、市会展业促进中心在此次活动中共同签署了三方合作协议，建立了疫情常态化下会展服务的创新合作模式。协议签署后，上海律协以会展与旅游业务研究委员会为主体，继续为全市会展业发展相关的规章、政策的合法性提供法律意见，为落实《上海市会展业条例》及其他促进会展业发展的相关规章、政策提供法律支持，协助行业协会及促进中心建立、完善会展业的评估、评价体系及行业规范，并为建立完善会展业争议解决非讼调解机制等发挥重要作用。

2021年10月，研究会积极参与面对全市会展企业"会展政策普法讲座"，研究会主任钱晔文律师在讲座中为全市主要场馆、会展主承办单位及相关服务提供单位介绍了目前我国会展业的基本法律法规架构，着重对《上海市会展业条例》《上海市会展活动备案暂行管理办法》的相关条款的规定进行了详细解读，就展会举办过程中各个环节合规要点进行分析，并结合实务经验对常见的法律风险提出了相应的合规建议。研究会利用自身专业法律研究以及实务经验积累，在会展法规政策宣讲中以理论和实务相结合的方式积极推动相关会展主体法律合规意识树立。

疫情总有消散的一天,我们的会展业亦会重获蓬勃生机。在会展业克服疫情带来诸多困境的过程中,上海律协会展与旅游业务研究委员会将一如既往,发挥自身专业优势及影响,深入行业,积极探索,为会展业安全有序发展提供法律保障!

论 文 篇

中国规划展示场馆建馆定位及其相关概念的思考与探讨

上海市城市建设档案馆总工程师　翁文斌

摘　要：新世纪以来，中国规划展示场馆飞速发展，大踏步地走过了"城市建设窗口""规划宣传阵地""公众参与场馆"三个发展阶段。但在场馆职能快速迭代，展示形式争奇斗艳的同时，也滋生了诸多阻碍其转型发展的问题。其中既有"人民城市"重要理念的目标导向同规划展示场馆建馆定位模糊之间的差距，也有在大数据时代展示生态迭代、资源跨界整合的趋势同规划展示研发理念滞后之间的问题，更有市民日益增长的了解城市、参与城市治理的需求同规划科普传播能力匮乏之间的掣肘。针对上述问题，本文从社会价值、社会责任、社会效用三个维度对规划展示场馆、规划展示、规划科普三个层级的相关概念进行了分析探讨,力求从源头上厘清规划展示场馆的建馆定位与社会价值,从内涵上明晰规划展示的策展导向与社会责任,从需求上找准规划科普教育的服务功能与社会效用,以求为新时代中国规划展示场馆的转型发展提供新的思考路径。

关键词: 规划展示;建馆定位;策展导向;科普效用

很多时候我们遇到的不是传统与现代的碰撞,更不是体制与社会的矛盾,而是理念与定位的偏差,目标与方法的错位,战略与格局的失调。

当前对中国规划展示场馆的描述还基本停留在"城市建设窗口、规划宣传阵地、公众参与场馆"等较为宽泛的解读,缺少精准定位和价值导向。这既不利于场馆对标检视自身的问题,也不利于社会充分认知其作用与价值,为此我们有必要总结一些经验做法,固化一些概念定义,探讨一些转型共识,以便更清晰地体现规划展示场馆的理念与责任、更精准地凸显规划展示的内涵与活力,更有效地提升规划科普教育的功能与效用,为新时代中国规划展示场馆的转型发展提供新的思考路径。

一、规划展示场馆的建馆定位及社会价值探讨

站在社会需求视角,规划展示场馆的价值应从是否能引领城市文化精神,催生更为深远的时代影响力的角度去考量。规划展示场馆其实有两个价值,一个是展览价值,就是规划展示所想表达的思想内涵和主题呈现力,另一个是展馆价值,就是规划展示场馆所应追求的社会价值和文化驱动力。展览价值亦可称为"产品价值",展馆价值亦可称为"品牌价值"。展览一旦对外展出后,产品价值就已成形,是不会因他人的观点而改变的,而"品牌价值"是建立在展馆内在的文化性、开放性、思想性、

连接性之上的,是需要与公众在持续沟通、交流中不断完善、动态优化的。从这个角度思考,规划展示场馆是同时具有主题展示和交流平台双重功能的,而观众同样是具有阅读者和参与者双重身份的。我们以往只是努力在体现展示功能,而观众也仅仅是被动阅读,未来如何构建文化性、提升开放性、展现思想性、创造连接性,形成更具活力和黏性的品牌价值,以吸引更多公众持续参与,发挥更大的文化驱动效应,是规划展示场馆需要关注的重点。

"解读城市发展内涵"是衡量规划展示场馆的社会价值和城市文化驱动力的核心标尺,是引导公众认知和理解城市发展历程的沟通基点,是激发全体市民(包括规划管理者和从业者)对科学规划从尊重走向自信继而形成自觉的思想动能。在"人民城市"重要理念的指引下,我们应充分用好规划展示这一解读城市科学发展实践的呈现载体,深入挖掘城市发展与科学规划和谐共生的内在逻辑和精神普系,通过时代性的展示语境、故事性的叙事方式、开放性的思想交流、知识性的服务输出去维系和强化其纽带作用,引导参与各方对城市规划形成共同的历史认知,构建共同的话语体系继而形成符合中国国情和民族文化的共同价值追求。

"探寻城市规划愿景"是规划展示场馆突出科学发展理念驱动、重构展示结构体系的核心导向。在对城市规划愿景的探寻中,人是核心,城市是承载个人情感记忆的空间,规划是串联起人们在城市空间中更为自由、更为安全、更为舒适地生活的行为导则。规划展示将微缩的城市空间、折叠的历史空间、演进的规划空间,数据的可视空间、知识的存储空间、科学的实践空间,生活的记忆空间、文化的感知空间、艺术的氛围空间,开放的交流空间、愉悦的求知空间、虚拟的未来空间在特定的物理空间中融合,为观众构建起一种完全不同于传统认知又比虚幻的网络空间更为生动的未来城市体验之旅。为此,规划展示对于城市之所以重要,并不在于呈现了多少规划内容,而是在于是否能构建起一个城市与公众交流的社交空间。

这个"空间"汇集复合着城市文化的多元色彩,它是以地域文明为基底,以文化认同为纽带,以规划演进为形态,以市井生活为话题,以宜居向往为期盼,构建起的一个又一个现实与理想、具象与抽象、感知与未知、个体与群体的城市文化容器。在此理念的推导下,规划展示场馆所呈现的就不只是"城市的(他者的)规划"而是"每个居民的(自己的)未来梦想"。

"传播规划科学理念"是构建科学性、思想性、时代性的规划公众参与平台的核心支撑。当前公众参与已成为规划展示场馆的基本职能,但只有在交流探讨的氛围下,用现代的"认知、探索、思考、对话"的主动型参与方式,才能引导市民理性认知规划,科学分析问题,提升对话能力,高效行使权力,才能在城市、政府、市民这三者间形成共同的话语体系和共同的价值取向,才能使政府和市民在规划公众参与的过程中都做到"找对人、说对话、做对事"。为此,建立"传播规划科学理念的公众参与平台"是提升规划公众参与质量和效用的有效载体。

通过对规划展示场馆所应体现的认知、感知、赋能的进阶探讨,我们有必要为中国规划展示场馆的建馆定位明确一个概念:

> 规划展示场馆是解读和弘扬城市发展内涵与精神的城市客厅,是容纳城市多样人群、集聚市民创意智慧、共议美好生活梦想的市民文化社交空间,是公益性、永久性的城市公共文化场所。
>
> 规划展示场馆以诠释"人民城市"重要理念为目标导向,以探讨城市发展品质为核心议题,以传播科学规划理念为职能驱动。是探寻城市规划愿景的专业场馆,是传播城市规划科学理念的公众参与平台。通过形式多样的展教活动和社区实践,培育公众科学观察城市、感知城市、热爱城市的意识,提升公众共议科学规划、共建文明城市、共享发展成果的能力,在新时代城市文明的追求与实践中扮演着重要的角色。

二、规划展示的策展导向及社会责任探讨

还原规划文本中的生活场景、破译规划思维中的人本信仰,让"规划可感知"是规划展示服务于城市规划的根本要义。规划展示是为宣传城市规划、助力城市规划而服务的,那么城市规划又是为谁服务的呢?是为城市居民,为城市居民的美好生活而服务的,脱离了人,脱离了社会、脱离了城市经济发展规律的规划是没有生命力的,所以,好的城市规划是有"场景感"的,是承载着城市文化传统、居民生活形态、时代精神信仰和科学规划思维的"城市文明图谱"。

规划(planning)的词性,既是动词也是名词;规划的属性,既是战略更是策略;规划的作用,既是引领更是融合;规划的理念,既基于经济导向更关注环境承载,既谋划发展路径更关注有序供给,既构建城市愿景蓝图更关注城市居民生活福祉,既秉承规划科学更关注科学规划。既然无论从哪个方面看"规划"都是活态的、发展的,是集科学性、战略性、实践性、社会性、人本性为一体的,那么规划展示就应该跳出以规划文本宣讲为目的的固有策展模式,走向以规划价值探讨为导向的更高境阶,以探索城市科学发展为路径,以关注居民品质生活为目标,以解读规划实践案例为方法,在与公众共同探索、思考、对话的过程中,促进公众对规划科学的认知与认同,形成公众对科学规划的支持与参与。由此可以理解,传统的规划展示之所以让观众觉得晦涩难懂,这并不是规划文本本身的问题,而是我们的策展人、文案编撰者没有从文化、经济、社会、生活的视角去还原"规划的本意",这样就把城市规划孤立在仅有文本和图纸的不完整的层面,一块冰冷的展板是无法触及内心最微妙、最能打动人心的场景的。当下从一篇规划文本推导出的"照本宣科"式的策展模式已无法适应多元文化与科技进步的社会浪潮。找回与展览主题对应的生活记忆与确立展陈内容的专

业性和科学性一样重要。用生活记忆释放规划展示之道,让更多观众在情感共鸣中发现规划的意义和价值才是规划展示策展人所应追求的目标。

通过对规划展示所应体现的文化性、思想性、叙事性的理念构建,我们有必要为中国规划展示的策展导向明确一个概念:

> 规划展示是打开城市历史记忆、感知地域文化特色、体验城市文明魅力、解读规划功能要素、探索规划科学价值的叙事载体。是以城市发展品质为议题,以人的生活感受为叙事主线,以城市规划的形成与演进、发展与掣肘、进击与梦想为脉络结构,围绕探讨城市规划对城市生活空间营造、城市功能完善、生态环境永续、生活品质提升的促进和影响的,具有文化性、故事性、科普性、思想性的专题展览形式。
>
> 其作用是在科学普及城市规划知识、客观梳理城市发展进程、传承弘扬城市精神内涵的基础上,激发市民关注城市科学规划的热情、提升市民参与城市治理的能力,促进社会共议共建共享城市文明的意识,为城市文明进步和城市治理体系的健康发展构建可感知的叙事场景。

三、 规划科普的功能定位及社会效用探讨

规划展示能否获得公众的认同与支持,取决于是否能给公众提供常识之上的全新的知识连接与探究欲望。传统规划展示大纲类似于总规编制纲要,内容详尽、分类规范、叙述专业,这样做的好处是不会出错,保证了学术上的正确性。如果这是解读总规的学术活动,那当然是必需的,但规划展示场馆面对的毕竟是非规划专业背景,却同时又是接受过良好教育的市民,过于专业严谨的规划内容堆砌,不仅晦涩难懂、枯燥无味,也偏离了规

划展示场馆"传播规划科学理念"的职能导向。为此,简单地"复制"规划文本或"罗列"规划行动,不仅无法系统剖析城市规划的科学属性、文化属性和社会属性,也不利于公众对城市规划的演进形成理性思考,继而影响公众参与城市规划活动的效用。如果说二十年前规划展示通过直观的方式展现规划成就和发展蓝图,承担的是对具象"规划产品"的宣传职能。那么二十年后的今天,在文博场馆已从提供展览服务走向了提供知识服务的新的历史时期,给予观众观察城市的"知识装备"已成为提升观众观展效用的必要"工具"。为此,规划科普是一本洞察城市的"秘籍",它以文化为内核、以历史为样本、以科学为密匙、以实践为方法、以未来为议题,通过城市变迁与生活记忆的连接、城市文明与规划演进的连接、城市形象与文化形态的连接,在时空折叠、知识迁移、文化聚合、感知体验中打开公众观察城市的新视角。在认知升维与认知体验的交织前行中,从意识上和心理上拉近观众与城市规划的共识与共情,使观众观展的"知识成本收益"和场馆的"展示效用收益"达到最佳。

通过对规划科普所应体现的启智性、探究性、实践性的剖析推演,我们有必要为中国规划科普的功能定位明确一个概念:

城市规划的科学普及简称"规划科普"。

规划科普是提升公众对城市规划科学发展路径的观察能力与协同意识的科学教育活动,是引导公众从认知城市的唯物主义走向解构城市的辩证唯物主义的思想启智活动,是帮助公众将已掌握的规划科学知识和科学规划思维应用于助力城市发展的社会实践活动。

规划科普是以城市发展品质的共议、共建、共治、共享为导向,以展示、科教、实验、实践为载体,将城市规划的演进与地域文明、资源环境、社会发展、科技进步的客观规律相结合,用启发、体验、思辨、探究的方式,解读城市文明的构成基因、演变动能、形态发展,验证城市规划的一般规律、科学价值、未来趋势的公众参与活动。

如果把城市视作一篇永远讲不完的故事,一个反映和折射人群生态的经典图示,一个整体与分散并存的社交空间,一个物质与精神交互作用的生活栖地,那么城市必然寄托着历代居民对它的复杂情感,也给我们提供了解读和描述它的各种角度,传统与现代的碰撞、习惯与新生的较量、现实与梦想的抗衡、当下与未来的对话。要解开这错综复杂的城市图示的"虚幻与真实",洞见其前行的"逻辑与动因",那么对城市规划演进逻辑的科学分析、编制动因的客观叙事、形态发展的比较推演,是唯一能穿透历史烙印、打开思维空间、折射未来图景的观察方法。而规划科普、规划展示,乃至规划展示场馆在本质上均是因此而为公众营造的"时间居所"与"共议现场"。

面向未来,规划展示场馆的转型发展之路任重而道远。

浅析新时代背景下红色文化展馆如何用展陈艺术讲好"红色故事"

上海美术设计有限公司 沈 弘

摘 要：2021年是中国共产党建党100周年，一大批红色博物馆、纪念馆等场馆完成了修缮改造和展陈"更新"，重新对外开放。红色文化展馆是对红色年代再回忆的场所，很多红色文化展馆建于20世纪80—90年代，展陈形式比较单调。但随着大众思想理念、审美标准的提高，旧的展陈形式已无法满足人们参观的需求。本文就新时代背景下红色文化展馆的展陈入手，阐述红色文化展馆在面对新的观众时，应创新展陈方式，通过多元化的展陈手段，提高设计、陈展水平，将红色文化展馆高品质地呈现给观众，真正起到传承红色基因，弘扬革命精神，讲好"红色故事"的作用。

关键词：新时代；红色文化展馆；展陈；红色故事

一、新时代背景下红色文化展馆发展现状

2021年是建党100周年，是"十四五"开局之年，亦是即将宣布第一个百年目标实现、迈向第二个百年目标的奋进之年，一大批红色文化展馆已经或即将完成修缮改造和陈展"更新"。

红色文化展馆是纪念和缅怀历史的礼堂、弘扬和传承精神的课堂、学习和汲取智慧的学堂，也是我们传承历史文脉，涵养历史思维，培养历史责任，担当历史使命的重要教育场所和培训基地。立足党的百年历史新起

点,在开展"党史"学习教育和"四史"宣传教育重大决策之时,充分发挥红色文化展馆以史鉴今、资政育人的作用,比以往任何时期都更为重要、更加迫切。

截至目前,全国共有革命博物馆、纪念馆超过1600家,全国不可移动革命文物3.6万多处,国有馆藏可移动革命文物超过100万件(套)。例如作为党的诞生地和初心始发地的上海,有600余处红色文化资源,含各级文物保护单位,文物保护点,优秀历史建筑和立碑挂牌的红色革命旧址、遗址以及纪念设施等。近三年,完成了毛主席旧居、张闻天故居、周公馆、团中央机关旧址、左联会址等15处重要革命史迹保护修缮工作,并对社会开放。2021年7月1日前,上海还将完成"一馆五址"等重要场馆及旧址的建设修缮改造等庆祝建党百年活动,红色文化展馆在会展行业中的作用越发凸显。

上海红色文化展馆的参观热潮,始于党的十九大闭幕后,例如中共一大会址纪念馆,从2017年10月底到2020年11月暂停开放,三年零一个月,一大会址共接待参观人数400万人次,在这里开展宣誓教育、现场教学、主题教育的各级党组织更是不计其数。上海丰厚的红色文化资源,让这股热潮得以长久延续,预计在建党百年又将迎来参观高峰。

近日,在《中共上海市委关于厚植城市精神彰显城市品格全面提升上海城市软实力的意见》一文中指出,上海城市精神品格是我们这座城市的成长基因和血脉灵魂,已经深深融入于城市的发展史、奋斗史,要塑造独特的文化神韵,使红色文化、海派文化、江南文化在交相辉映中激发创造活力。上海要传承红色基因,更加自觉地弘扬城市精神品格,更加主动地提升城市软实力,充分发挥软实力的"加速器"作用,让核心价值凝心铸魂,让文化魅力竞相绽放。

这些红色文化展馆,在新时代背景下,履行其警示及教育功能,并肩负着建设和守护好中国共产党人精神家园,把城市的红色底色擦得更亮的责浅析新时代背景下红色文化展馆如何用展陈艺术讲好"红色故事"

任使命。因此,做好新时代背景下红色文化展馆的展陈,是回应时代需求,是满足人民需要,是讲好红色故事,也是更好地弘扬城市精神品格、提升城市软实力。

二、新时代背景下红色文化场馆展陈特点

1. 主题为魂

博物馆、纪念馆陈列艺术的创作是一个系统工程,它牵涉到策划、设计、施工、布展等多个环节,有的"小而美",有的"大而精"。对博物馆、纪念馆的陈列艺术而言,首先要了解整个空间,在有限的空间里做文章,将所思所想充分展示出来,然后明确主题,通过聚焦重点内容来表达主题。最后,通过展项、艺术品、图文板、实物陈列、多媒体场景等展示手段来展现博物馆具体内容,目标是在建设过程中实现内容与形式的浑然一体、科学和艺术的完美融合,以打造一个经得起时间考验的经典力作。

红色文化展馆的基本陈列,不同于其他临时展、商业展、短期展,不仅是因为它的展览时间长,更重要的是主题、内涵。主题需要用"心"去设计,既要能反映红色文化展馆的性质与内容,又要能揭示展陈的历史特色、地域特色和人文特色。在展陈设计过程中,展线、背景、人物、事件、展物、颜色、灯光、场景、新技术等要素都要紧密围绕主题有机组合,将主题内容升华,用现代展陈技术手段重新呈现在广大观众面前,更能体现历史感和真实感。

2. 内容为体

红色博物馆、纪念馆是红色文化展示与对外交流的平台,是爱国主义教育和革命传统教育的精神殿堂。内容是所有红色文化展馆的基础存在,对于红色文化展馆展陈的内容表现,要坚守一个原则:紧扣历史、尊重历史、再现历史。

红色文化展馆的展陈设计要本着实事求是的态度,"大事不漏、小事不拘"的方法,通过多方寻找物证、史料和亲历者,确保史料丰富、史实准确、内容科学,用真实的革命历史文物讲好红色故事,尽最大可能还原历史原貌,讴歌时代精神。

同时,我们要用好镌刻着红色文化的"记忆之所""教育之地",对红色文化资源进行深入挖掘研究,聚焦历史事件、着眼具体人物、解读关键细节,让抽象的精神、理念变得有血有肉、鲜活可感,使历史深处的情怀成为当代人的集体记忆,让收藏在博物馆里的文物、陈列在广阔大地上的遗产、书写在古籍里的文字都活起来,丰富全社会历史文化滋养。

3. 艺术为用

红色文化展馆展陈,单靠一个建筑空间、一本几万字的内容大纲,很难打动观众。如今红色文化展馆展陈越来越侧重于体验,不仅仅是把过去呈现出来,更重要的是借助艺术化的展陈手段,带给观众更直观的感受,与历史产生共鸣。

2020年10月,龙华革命烈士纪念地实现了整体连通及功能拓展,融合现代科技、艺术手段,重新植入绿化,复原就义树、二十四烈士殉难的英烈坑,用青铜组雕结合花岗岩的艺术创作和牺牲英烈名字结合提升龙华墙区域;采用泰山石艺术烘托龙华牺牲的中共中央委员、中共中央监察委员展示区;设置二十四烈士的雕塑群像。这是当代艺术理念结合红色文化展馆展陈的最新探索。

2021年6月3日开馆的中共一大纪念馆中,展出了众多精心创作的精美艺术品。《日出东方——从石库门到天安门》《中流砥柱》《民族脊梁》三幅以高温烧制的瓷板画,反映了中国共产党由小到大、由弱到强,带领全国各族人民取得伟大胜利的历史征程,艺术效果的呈现达到了最好。一楼大厅13位代表的紫铜雕像和"开天辟地、日出东方"部分13位代表的白铜雕像都极富艺术魅力,生动表现出每个代表在那些历史瞬间的状态和气质,艺术处理方式既充满质感又饱含力量。

4. 科技赋能

随着全国博物馆、纪念馆现代管理体系逐步形成,大数据、云计算、人工智能等新技术、新方法陆续推广应用,智慧场馆建设方兴未艾,"云展览"风靡互联网,博物馆、纪念馆成为智慧生产和知识创造的基地,已经步入高质量发展的快车道。

数字化技术的发展,给红色文化主题展馆的展示设计理念带来了巨大的冲击,越来越多的红色文化主题展馆通过现代化科技手段进行数字化展示。

比如2017年10月开展的龙华烈士纪念馆《英雄壮歌》上海英烈纪念展,全新陈展突破原有的"展品+解说式"的布展理念,在坚持真实历史的前提下,将语言文字上升到观感艺术,创新地将多媒体技术与现代舞、朗诵以及雕塑等多种艺术形式相结合,使部分展项生动鲜活起来,最终实现"有板有眼有宽度、交互体验有触动"的展览特色。

再如中共一大纪念馆,首次采用沉浸式场景影像技术,以"开天辟地大事变"为主题,精心挑选特型演员参与录制,运用国内最新的CAVE影像系统与全息裸眼3D、真人等身全息成像技术、数控超大升降幕等多媒体技术,结合真实场景,打造沉浸式多幕全息(裸眼3D)实景多媒体展示效果,还原了中共一大会议始末。

受疫情影响,2020年全国会展业都在积极探索线上展览形式,加快推进会展业数字化建设,"云会展"作为疫情背景下从传统展览进行创造性转化的新模式,也呈现出前所未有的发展态势。红色文化展馆在其中表现也相当抢眼,转至线上,用创新手段,云游红色历史,讲好红色故事。2020年7月,中共一大会址纪念馆、陈云纪念馆、龙华烈士纪念馆、上海孙中山故居纪念馆等15家红色文化展馆或拥有丰富红色文化资源的文博单位开展了"红色起点再出发,初心使命永不忘"红色文化展馆系列5G直播活动,展现了新时期博物馆的精神风貌和责任担当。

三、关于进一步做好红色文化展馆展陈的建议

1. 推动数字化建设,提升"云会展"质量

在形式设计方面,可以开阔办展思路,依托现代科学技术创新展陈形式,采取交互设计、线上直播、虚拟讲解员、多媒体故事墙、线上研讨等多种数字化方式增加展览的互动性与趣味性,强化观众的体验感与参与感。在传播能力方面,应全面提升新媒体服务能力,例如在微博、微信等社交平台推出数字导览、订阅服务、社群活动等服务,多角度推进博物馆转型创新。

创新推出"会展+产业+数字""会展+旅游+数字""会展+文化+数字""会展+体验+数字"等创新性、多角度、多层次的"会展+X+数字"发展新模式,积极推进会展产业与互联网+、金融、高科技等融合发展,培育发展新兴会展服务业,促进会展领域新业态新模式新技术创新发展及集成应用。

2. 加强馆际交流,创新展陈形式

陈列展览是直接面向观众的,是展示场馆功能的主要窗口。红色文化展馆要在基本陈列为主体的前提下,不断推出其他多种题材和内容的专题展览。

红色文化展馆要秉承开放的思想,加强馆际间的交流合作,建立红色文化展馆合作联盟,共享展览资源,扩大红色文化展馆在不同地区的社会影响力。同时,可在举办交流展览的基础上,开展学术研讨、社教活动、文创产品研发等一系列配套合作,各红色文化展馆相互借鉴经验,形成合力,丰富馆际交流内容,提升馆际交流成效,更好地发挥红色文化展馆文化平台的作用。

3. 注重人才培养,完善管理体系

企业和人才是会展产业高质量发展的根基,应加快提升本土会展企业和从业人员的专业化、国际化水平,重点培育引进具有国际视野的复合型会展人才。加快整合产业相关政府职能部门、行业专家、学者、企业家资源,组建红色文化展馆联盟,为产业发展提供前瞻性指导,推动前沿发展研究,为创新型企业发展提供智力支持。发挥上海高校及智库机构在人才培养方面的优势,加强学历教育、国内外大学联合培养、技能培训、实训基地的建设,提供人才生力军。

数字化时代,沉浸式体验在未来展览行业的发展

上海跨国采购中心有限公司总经理　陈　萍

摘　要：当前,沉浸式展览在国内外艺术展览中备受欢迎,其作为一种融合新媒体艺术、视觉艺术与造型艺术于一体的艺术展览形式,运用多种形式美学法则满足了年轻一代的文化消费需求。本文从沉浸式体验的科技基础分析着手,基于沉浸式展览兴起背景及发展现状探讨未来展览行业将如何发展,以此将更加全面、丰富的沉浸体验带给观众。

关键词：沉浸式体验；展览；科技；发展

引　言

在我国国内,沉浸产业的发展历史不足十年,但却已经实现了超过50亿元的产业总产值,整个沉浸产业的发展动态备受社会各界关注。也正是基于此,国内艺术展览中沉浸式展览的发展潜力巨大。在融合装置艺术、数字媒体设计、视觉设计等多领域科学技术的基础之上,沉浸式展览将身临其境的感觉呈现给处于展览空间内的观众。在数字化时代,沉浸式体验将一种新的体验带给观众,这种体验不仅模糊了媒介间界限,还无限拓宽了技术与艺术之间的界线,实现了艺术与科学的联结。未来,随着科学技术的持续发展,沉浸式展览将进一步发展。本文正是在此背景下探讨未来展览行业内沉浸式体验的发展。

一、沉浸式体验的科技基础

1. 打造数字化准客体

作为当代科技与文化创新融合的成果,沉浸式体验在数字化时代迎来了广阔的发展空间。沉浸式体验结合了大数据、文化装备、现代逻辑、先进技术、基础理论等,具有互动性、系统化、智能化、虚拟性等特点。随着5G时代的到来,在智能化、数字化、信息化技术大规模商业化应用、普及的情况下,人类思维活动正在逐渐被数字物替代,而数字物是一种对特定关联环境、物质高度依赖的准客体。依赖数字化装备系统、技术和载体而发展的沉浸式体验与这种准客体的发展之间有着紧密联系。

2. 集成前沿科技成果

在发展沉浸式体验过程中,集成了激光投影显示技术、多通道投影技术、混合现实技术、增强现实技术、虚拟现实技术、3D全息投影技术等大量科技成果。这些推动或嵌入的技术,对沉浸式体验的内容与结构所产生的影响非常深远。以沉浸式体验核心手段之一的3D全息投影技术为例,其可以将观众的触觉、听觉、视觉等最大限度地调动起来,激发人们的想象力与好奇心,从而获得另类时间和另类空间的感觉。

3. 以空间造境为核心业态

作为空间活动体验的沉浸式体验,依托数字化准客体发展,其核心业态就是空间造境。观众是否能够在空间内获得沉浸感,在很大程度上取决于空间造境。叙事性空间营造、交互式空间营造以及纯空间意境营造,是沉浸式体验的三种空间造境形式。这三种空间造境形式在进行空间意境营造时采用不同的手段,以最基础的空间造境手段——纯空间意境营造为例,在核心主题确定之后,设计者利用多屏显示、包裹式特效、镜像多重反射等手段来实现沉浸式空间的打造。

二、沉浸式展览兴起背景及发展现状

1. 沉浸式展览兴起背景

数字媒介与沉浸式展览联系得非常紧密，随着媒介形式之一的数字艺术逐渐兴起，数字艺术类型之一的沉浸式展览才得以发展。1963年萨瑟兰开拓了交互性计算机图形图像领域，他认为通过三维环境的实现可通过屏幕上的线条来实现。1966年，萨瑟兰发明了头盔显示器，1970年他完成了名为达摩克利斯剑的沉浸性系统原型。在萨瑟兰之后，众多研究人员不断研究数字艺术与媒介。随着时代的发展，人们逐渐认同接受了数字艺术。在此背景下，当代艺术形态随着技术变革而发展，沉浸式展览随之兴起。

2. 沉浸式展览发展历程

美国芝加哥菲尔德哥伦比亚的生态环境复刻展览为最早的沉浸式展览，《雨屋》2012年首次在伦敦展出就备受欢迎，观众在约为100 m²的昏暗屋子里自由控制雨水的降落。美国惠特尼美术馆在2016年举办了"梦境：沉浸式电影与艺术"专题展，沉浸式展览的发展历程尽然呈现给观众。美国加州贝斯画廊在2018年举办一场由日本前卫艺术策展团队TEAMLAB设计的沉浸式展览，主题为"未来游乐园"，通过光源利用与光线传播，绚烂多彩、交相辉映的光点所带给观众的感觉引人深思。

在我国，2010年"感觉即真实"这一沉浸式展览最先引起关注，设计师利用纯视觉环境将神秘体验带给观众，赢得了广泛肯定。2013年，日本艺术家草间弥生"我有一个梦"沉浸式展览在上海当代艺术馆展出，向我国人民群众真正地介绍了沉浸式展览。"展览"的观念正在逐渐被沉浸式展览破除，致力于让观众参与作品的完成，达到双向传播的目的。整体而言，沉浸式展览发展至今，可利用虚拟现实等技术将更为丰富的沉浸体验呈现给观众,已经跨越了"次元"。

目前在我国国内众多商城、展示厅、博物馆已经开始利用虚拟现实技术等推出以内容为主导的沉浸式展览,比如由绽放文创投资有限公司携手敦煌研究院举办的"神秘敦煌"文化展就是向世界推广中国传统文化的成功案例。相信在后疫情时代,我国国内展览行业定将借助5G生产制造优势大力发展沉浸式展览。

三、基于沉浸式体验展览行业的未来发展思路

积极发展展览行业,可汇集一个地区或城市的大量商品、人才、技术、信息等,产生极大的产业带动效应,促进区域社会与经济进步。根据当前社会发展情况,传统展览行业发展模式显然已经无法适应沉浸式体验给该行业所带来的改变,必须要另谋新的发展思路。

1. 融合科技,实现智慧展览

在现代社会,科技给人们日常生活所带来的影响不容忽视,并且受持续深入发展的网络科技技术的影响,科技与文化的融合不断加深,这些都为现代展览行业发展提供了有力支持。比如利用网络技术,在举办展览时主办方可以为参观者提供无线上网服务,包括地图智能导航、信息推送等服务。如此不仅可以提高参观者的参观满意度,还可以帮助举办方更加清晰地把握参观者停留时间、整体人流量等情况。而且在掌握这些数据之后,主办方还可以分析这些数据,以此来改进展览。

未来展览行业在发展沉浸式展览时还应强化辅助信息与展品之间的联系,深化沉浸感的营造,避免观众在参展时"出戏"。以博物馆沉浸式展览为例,目前我国国内确实有不少博物馆利用虚拟现实技术来设计沉浸式展览,但无论是听感还是视感都相对比较生硬,对展览内容的表现能力缺

乏整体把握。在举办沉浸式展览时,多数设计人员过于追求技术实现能力,以至于未能实现艺术与科技的融合。

2. 融入生活理念,追求会展即生活

沉浸式展览是展览行业与科技融合的结果,但一味地强调科技感很有可能会给观众带来"不真实感"。因此,在未来展览行业可尝试在沉浸式体验的基础上融入生活理念,将现代城市生活与展览资源、文化资源等充分地联系起来,将展览场地延伸至整个城市,让城市化身为生动的展地。比如2015年中国台湾的文博会,就是一场"展场即生活、展场即城市"的展览,实现了展览与生活理念的融合。未来在展览行业发展的过程中,主办方可参考借鉴该文博会的相关经验,在将各类城市资源调动起来的同时,采取一系列措施激发城市居民参与展览的主动性,有效促进区域发展展览行业。

3. 跨界融合,发展创意展览

在新时期,通过与金融、旅游、科技等跨界合作,展览行业实现了融合发展,金融、旅游、科技等均可以帮助展览行业实现升级更新、完成内部创新。比如,沉浸式展览就是科技与展览行业的有效融合,基于沉浸式体验而发展的展览行业走向了交互、互联等平台,更加高端,市场潜力非常巨大。基于此,未来展览行业更应该积极推进跨界融合,在数字化时代可尝试将信息与展览融合起来,以此来大力发展创意展览。尤其是在当下人工智能、大数据、虚拟现实技术、数字交互技术快速发展的背景下,展览行业更应该积极创新展览形式,利用虚拟现实技术、人工智能等技术来强化展览的沉浸感、增强展览时空感,推动展览行业的发展。

4. 发展沉浸式产业链,培养专业人才

新时期,文化、信息化为我国经济活动的主要发展方向,经济产业在发展过程中其主导将成为技术与文化高附加值的经济。显然沉浸式展览符合这一要求,在未来围绕沉浸式展览而延伸的沉浸式产业链定将持续完善。包含项目运作、技术装备、科技服务、内容研发、产业投资等不同环节企业在内的上下游产业链,各个组成企业尽管会在经营业务上有所侧重,但仍会实现分工协作,实现水平与垂直混合、完整的复合型沉浸式产业链。值得注意的是,在沉浸式产业链中,沉浸式开发企业将为产业主体。

任何一个产业的发展都离不开人才的支持,未来沉浸式展览发展过程中定将需要大量相关专业人才。基于此,展览企业可根据自身实际情况来加强从业人员的继续教育,增强相关人员的相关技术水平,短时间内满足企业发展需求;各地区高等院校则根据自身实际情况来设置与沉浸式展览相关的专业课程,为沉浸式展览、沉浸式产业链发展培养所需的专业人才。

结 语

建设文化强国、发展文化产业的必经之路就是发展新型文化业态,沉浸式体验是科技与文化深度融合的结果,在此背景下基于沉浸式体验而发展的展览行业定然前景广阔。就当前我国展览行业的发展情况来看,尽管沉浸式体验对展览行业的发展有所影响,但仍未实现完美融合。未来展览行业将会在进一步融入沉浸式体验的基础上,朝着智慧展览、生活展览、创意展览的方向发展,以便将更加丰富、新奇的体验带给观众,实现展览行业的可持续发展。

参考文献

[1] 杨路,王松,刘逸豪.基于增强现实技术的沉浸式交互应用设计[J].廊坊师范学院学报(自然科学版).2020(01).

[2] 张爱研,王彦.浅析基于沉浸理论的博物馆展示设计[J].艺术科技.2018(12).

［3］郑欣.数字媒体技术下的博物馆沉浸式体验研究［J］.中外建筑.2021（04）.

［4］丁玉.虚拟交互体验：沉浸式艺术［J］.艺术科技.2019（08）.

关于使用绿色会展搭建消费者洞察与分析

艺搭环保科技(上海)有限公司　陆晓青

一、绿色会展背景

会展资源浪费，尤其是特装木质结构搭建资源浪费是有目共睹的。为改变现状，业内人士很早就提出绿色会展的概念，但在前几年的实施中，绿色会展始终不温不火。如今在国家双循环经济发展体系、碳中和目标下，发展循环经济的政策关注程度将会越来越大，会展资源浪费将成为会展业的毒瘤，政策终将出台强有力的管控手段。

2020 年，中国在第七十五届联合国大会上提出在 2030 年实现碳达峰承诺。2021 年 3 月 15 日，中央财经委员会第九次会议的一个议题就是"实现碳达峰、碳中和的基本思路和主要举措"。

为贯彻落实《国务院关于加快建立健全绿色低碳循环发展经济体系的指导意见》(国发〔2021〕4号)关于"推进会展业绿色发展，指导制定行业相关绿色标准，推动办展设施循环使用"的决策部署，促进展览业绿色转型和高质量发展，商务部组织制定《环保展台设计制作指南》(以下简称《指南》)，将于 2021 年 11 月 1 日正式实施，这就需要我们思考如下问题。

➤ 长期习惯使用造型各异，奇特的木质展台，如何转变接受环保展台？

➤ 如果使用绿色展台，不能完全达到木质结构的一模一样的造型，客户还愿意使用并推广吗？

➢ 新的东西如果尝试了，展示效果不理想会影响企业的展览营销效果吗？

二、绿色会展的调研计划

1. 目标消费者的态度与行为研究客户的特性

愿意使用环保展台的，分为第一次参展以及多次参展的企业。两种企业对展台效果的追求不尽相同，在实际操作中，我们给第一次参展的企业设计出比较高端的时尚的环保展台，但是价格会略贵；给常年参加展会的企业设计比较中端的展台，给出一个性价比高的价格。测试结果是，第一次参展的企业，会去跟其他展台比较，一部分人觉得物超所值，一部分觉得自己的还是贵了，下次考虑找其他家试一试。而经常参展的企业，会综合比较，发现这个展台性价比还可以，但是因为非常熟悉市场，所以除非是价格优势很明显，客户会很满意，否则还是会有挑剔的现象。

2. 消费者深度访谈

在实际搭建的几个案例中，我们做了深入访谈，发现客户虽然对展台效果满意，但是还是希望价格上再优惠，当我们同意给其中一个客户第二个展台打折扣时，对方立即非常乐意的推荐我们的产品给朋友，而且马上开始实施后面一个展台的设计。而且愿意在自己相关行业上下游推荐环保展台，那么借此我们可以将它作为行业内的 KOL，同行推荐的一定比市场部自己去开发的效果要好。

3. 营销组合有效性研究

测试的展台有一些是优惠政策，有一些是有返利政策，各种营销方式结合，终端客户的挑剔度没有中间商那么厉害，如果是一些展览设计公司，只关注这一单他能赚多少钱，而非给客户降低成本。中间商非常看重营销的优惠政策,而实际参加展会的终端公司,则看中的是展台的实际效果。

4. 社会倾听

在市场测试之前,我们调研了关于展台的搭建、价格、舒适度、体验度等的资料,大部分客户是想用环保展台的,但是现在的环保展台非常简单,造型很单一,客户支付了均价 1 000~2 500 元/m² 的摊位费,不想省小钱去做一个很单一的展台,关键这个展台造价还不便宜,所以即便想用环保展台,综合比较下来还是会选择造型各异的木质展台。当得知有艺搭环保个性化展台即将上市之时,都非常期待,并且看到效果图得知价格后都非常愿意合作。

5. 销售跟踪

每次展会结束后,我们会持续跟进客户,做一个客户反馈表。如果后续有展台搭建,看客户是继续选择与我们合作还是其他企业,如果是其他企业,后续继续跟踪客户对其他企业的满意度。

6. 新产品概念测试

艺搭环保展台的产品不断迭代更新,会选择优质客户进行新产品的试搭。

任何产品的购买一定有其动机,而新产品的诞生与上市,势必是解决了该行业的一个痛点,从消费者购买行为进行分析以便我们更好地投放市场!在过去的十几年中,绿色环保展台几乎没有太大的更新,一直重复使用着一个造型,未来艺搭环保的展台基本上是一年一个更新,不断渗透行业外的信息进行融合,缔造出艺搭个性化模块王国。

三、消费者的购买洞察分析

以上一系列的动作,都是基于直接使用者的调研和分析,在市场测试阶段获取真实使用者的信息是非常重要的。同时也要了解真实使用者的心理动机购买决策过程,方便后期大批量的推广和应用。

在应用和推广的过程中要了解使用者的动机和购买决策的过程,方便后期推广绿色展览。

1. 心理维度的购买动机

问题排除:曾经的搭建供应商质量糟糕,价格贵,需要换新公司。

问题放松:希望找到新的公司后,能解决以前在老板面前或者同行面前不给力的糟糕形象。

社会认可:环保展台,政策支持,大势所趋,如果个性化十足更加容易满足客户的诉求。

2. 购买的决策过程

效果意识:这类客户不看价格,只看效果,希望用好的效果在展会上获得客户的认可,能在展会期间下单。

价格意识:这类客户喜欢便宜,简单铝合金造型能接受,当然如果艺搭的产品比传统铝合金结构框架效果好,价格略贵一些,也是可以接受。

困惑意识:这类客户一般是第一次,不知道该选什么,如果主办方有推荐,就使用主办方推荐的搭建商。

四、制定推广绿色搭建市场策略

1. 了解以及澄清问题

在这些实际搭建好的案例中进行分析这些消费者的行为动机,了解消费者的潜在行为、动机、痛点和情绪。首先建立艺搭品牌的态度:环保,性价比高,速度快,模块化实现个性化! 核心竞争力;自主知识产权,产品迭代,环保,性价比高,快速完成,因为疫情取消不会产生不必要的浪费。

了解行业痛点:原来行业搭建成本高,污染严重,搭建设计公司小而散,无法承接大批量的搭建订单。找到解决问题和触发增长的洞察。

展览行业痛点很清楚。价格高,产品不环保,成交链条太多、现场搭建时间有限,搭建工厂承担不起责任!对于展商而言要支付的成本过高(展位费、设计费、主场服务费、搭建费以及各类杂费)各中冗长环节都是想从展商身上赚钱!在互联网时代展商的参展意愿就会降低很多。

2. 制定策略

首先解决如下几个问题。

➤ 终端客户的价格问题;让他们享受高质量的展台,支付中等价格;

➤ 解决场馆的垃圾问题;环保展台,场馆管理成本降低,省下的费用可以让利给展商;

➤ 解决政策导向问题;国际企业都有 CSR(企业社会责任感)要求,双碳环境下称为 ESG,每一场展会都需要使用一定比例环保搭建;

➤ 解决传统环保搭建缺失的个性化问题。不断听取客户需求,创造个性化模块。

其次开始制定针对终端客户和大 B 的营销策略。

(1) 做一系列使用环保展台的"教育"推广,目前由于国家政策的引导,全国各地都开始出台相应的优惠政策。3 月 16 日,为促进西安会展业高质量发展,西安市出台了《西安市会议会展产业扶持政策》("政策")。政策中令人感兴趣的是两条鼓励绿色会展的政策:"在西安市举办的展会活动采用绿色型材搭建面积 1 万 m^2(含)以上的,给予 10 万元扶持补贴;对取得商务部等国家部委授予'绿色会展示范单位(项目)'的会展企业,给予一次性 10 万元奖励。"

(2) 价格和方案吸引终端客户,由主办方推给展商,给小展商"拎包参展"的政策。免去展商一系列杂费,提升展商参加展会的满意度。将展商的投入产出做到性价比最高,愿意将营销费用花在线下会展中。

(3) 执行计划:

➤ 根据消费者心理分析,定位分类消费者,制定不同方案;

➢ 实际操作的跟进与维护；

➢ 市场搭建的真实反馈；

➢ 构建品牌；

➢ 重塑市场规模。

绿色会展是一项非常大的工程，在整个会展行业中不仅仅与搭建有关，更牵涉到场馆、运输、展品包装，观众和展商的衣食住行等一系列问题，需要政府、协会、场馆方、主办方、参展方共同努力。让展览行业的伙伴们为实现2060碳中和一起努力！

办展会应该如何做到会展展示的"绿色"

上海创为建筑工程有限公司总经理 冯广为

摘 要：会展业绿色展装的认知可以更全面和高级，可以更深度了解会展材料端，寻求大环保操作模式和多种类展示模式结合。

关键词：会展业；展览板；绿色会展；宏观；微观

"一场展览会的结束"等于"一个垃圾场的诞生"。这句极富讽刺意味的评价在会展业内并不陌生。这个比喻再一次撕开了国内传统会展业发展的痛点。如果变废为宝，垃圾场是不是也可以闪亮呢？

会展业作为构建现代市场体系和开放性经济体系的重要平台，在我国经济社会发展中的作用日益凸显。绿色会展是会展业高质量发展的要求，是会展业的必经之路。然而，伴随会展业的高速发展而来的是高消费、高污染、高危害的状况日趋严重。在全国践行生态文明建设的大背景下，会展业如何走出低碳、绿色、环保的高质量发展新道路？

一、各方认为会展业现状不容乐观

当前，伴随着会展业的高速发展，高消费、高污染、高危害的状况日趋严重，绿色展台少、污染严重；浪费严重、回收利用率低；处理不环保、环境压力大；扶持力度不够、标准不完善等诸多问题涌现。

相较于传统搭建，环保型材料成本较高，导致应用环保型材料的积极性不高。目前,国内90%以上的特装展位都以使用木材、桁架喷绘等非环保型材料为主,各方认为产生的粉尘、噪声、油漆等有害物质不仅对空气造成严重污染,还给参展和从业人员造成身体危害。

与此同时,"大投入、大场面、大开销、大污染"成为当前会展常态。展装使用材料撤展拆除后大部分不可再用,回收利用率仅10%左右,2019年全国展装垃圾达86.8万吨。业内对此评价:"一个展会结束就是一个垃圾场的诞生"。

如此数量惊人的展装垃圾如何处理?据悉,目前处理方式仅有运送垃圾中转站、部分碾碎后直接填埋、部分进行锅炉焚烧三种,但因均为搭建企业自行处理,不环保且难度大,结果均给生态环境造成很大压力。

二、多数会展城市出台相关措施

面临如是不容乐观的现状,国家部门和各地部分地市已先行一步,如国家专门出台政策助力绿色会展,如《关于加快建立健全绿色低碳循环发展经济体系的指导意见》(国发〔2021〕4号),如深圳市印发《深圳市小微企业创业创新基地城市示范专项资金》,大力支持绿色展览项目;如郑州市《关于修订印发郑州市会展业发展专项资金管理办法的通知》给予"绿色会展示范单位(项目)"10万元一次性奖励等等。

从绿色会展先行者来看,北京奥运"绿色环保指南"、上海世博会"绿色指南"、广交会2016年实现绿色展会普及率达100%、进博会"绿色"理念贯穿始终、成都发起绿色会展倡议……

三、从宏观角度五大举措促绿色发展

在会展项目的全周期中,通过对资源的合理利用和采取积极的环境保护措施,最大化地降低会展项目对生态环境的负面影响,从而创建"环境友好型"的会展项目。因此,绿色会展是以推动行业可持续发展为宗旨,秉承循环利用、环保发展的经济理念,坚持办展与保护环境并重的原则,构建以展览主办方、展览场馆、展览服务商为主体,贯穿物流运输、设计搭建、展览展示、会议活动、观众组织等各环节的绿色会展生态体系。

(1) 会展业绿色发展首先需政策保障,应制订完善国家级绿色会展发展标准,加大标准贯彻执行力度。"一方面加大力度推广实施现有标准规范;另一方面不断完善会展行业绿色发展的标准制定,在场馆运营、搭建资质、环保展具使用等方面提出切实可行的规范要求。"

(2) 针对当前会展业绿色发展营造氛围不强,要加强监督,发挥行业协会自律作用。政府要带头在主办的展会上率先执行绿色会展标准,行业协会应动员、实践并优化行业绿色发展规范,让会展业绿色发展形成共识和常态。

(3) 主办是会展活动中的主体,是策划者和组织者,是产业链中最重要中枢环节,搭建、运输等等都因它而起,围绕它运作。因此没有绿色环保理念的主办企业是无法做到整个会展产业链的绿色发展的。细节上还应建立严格的展装搭建服务商准入机制,引导主办单位推广使用环保可循环利用材料,实行绿色展装施工管理费差异化收费等措施。

(4) 作为产业链中枢,会展场馆应该加快绿色标准建设,空间利用融入绿色理念,节能减排,有效利用自然资源,固废处理,垃圾变废为宝,智能化信息化管理,同时强化现场管理和施工认证准则。

(5) 加强会展业绿色发展专业人才培养也是其认为行之有效的一大举措。"要重视高校师资力量、第三方服务机构和市场中介组织对会展业绿色发展人才的培养,加强对各级领导干部、企业管理者等培训,增强政策制定者和企业家绿色发展的战略决策能力。"

四、从微观角度具体举措促绿色发展

首先明确绿色会展的概念,绿色会展是指在会展项目的全生命周期中,通过对资源的合理利用和采取积极的环境保护措施,最大程度减低会展项目对环境的负面影响,创建环境友好型的会展项目。在会展活动中,我们更需要关注会展绿色展示部分,在展示过程中任何材料只要做到循环利用,最大程度降低会展项目对环境的负面影响,都应该认为是绿色展示。

(一) 针对会展绿色展示部分做下常用展示材料比较

1. 会展业常用展览木制板材

优势,可以实现各种造型;

劣势,整体感觉不环保。

展览板材来源:以速生林木材为主,多是北方常见杨树,有一定经济价值。杨树的板子也只能做展览板,不能做家具,下脚料就粉碎成颗粒制成颗粒板。展览板材胶水以面粉与胶水混合作为黏合剂,胶水:面粉=100:38,其中面粉多是国家粮储的陈麦,有一定的补贴(近两年取消了)。材料来源成本低,在生产加工上简单,更多实现自动化,所以展览板材制作成本较低,比较适合会展业短平快的节奏。

因为展览板少量应用胶水黏合剂,防火等级不高但是从回收的角度看也是相对更容易,如是展板全部要求防火能回收的价值就不高了,基本是要专业处理了;从社会价值角度来看,展览板属于经济林再生,不论是带动经济和就业都是很好的。

2. 会展业常用展览铝料型材

优势,可以重复使用,感觉环保;

劣势,难以实现各种造型,难以满足客户多样化需求。

随着科技的不断进步,铝电解工艺日趋成熟,全世界原铝的产量有了很大的增长。但是同时铝材也是生产过程中环境污染最大的金属材料之一。生产中耗费资源多污染大,后期抛光喷涂也污染,对水体和空气污染更大,并且难以根治。从型材生产过程来看,耗能和碳排放都相对较高。

3. 其他模式材料

桁架,舞台架,构建模式重复,拼装展台重复,巡展重复等等基本属于小众操作模式,难以大面积推广。针对展览木制结构提出解决方案,降低成本,节约社会资源,如简约的拼装展台设计,对大部分面积小和要求低的展示企业以主办和主场单位大面推送拼装展台概念,实现木质结构的重复和高效的利用也是可以操作的。

不能只看表面,还要核算社会成本,展台搭建环保理解要全面!其实不管谁好谁差,应该以市场检验结果为准绳。如果木结构展台实现大环保概念,是不是也是环保呢?如果变废为宝,垃圾场是不是也可以闪亮呢?为了这一目标,也可以去尝试,当然也最需要政策的支撑和主办与展馆的配合。

(二)展览搭建大环保模式如何实现?(展材网在尝试)

1. 按照板材的流通顺序和展板应用结果排序

企业:展板生产企业,集中在山东临沂、广西、安徽、河南等地。

销售:板材销售企业,企业数量不多,相对集中。

工厂:展示制作工厂,企业数量众多,相对分散,资金有限。

现场展示:展台搭建展示,地方集中,时间集中。

展示材料回收:设备快速展台拆除,工厂回收展台可重复用材料。

2. 按照展台展板处理方式排序

回收中心处理材料顺序:抓机捣碎—破碎机—传送到粉碎机—木材

粉末。（除尘一般在粉碎机环节，钉子等可以在破碎及粉碎过程被吸掉）

3. 回收的展览材料再次应用领域

农业领域应用：普通展板粉碎后可以作为生产菌菇的菌包，部分常规菌菇可以利用展览板材粉末。（最佳环保模式）

板材再生产：回收返厂再次生产展览常用复合地板和密度板，返销会展业。

在疫情下全球经济放缓，国内同样如此，代表经济"晴雨表"的会展业何尝不是压力山大啊？展商何尝不是如此啊？

当下正值会展业全面复苏的关键时刻，这是进一步推动绿色展览全面发展的强有力讯号，为探索低碳、环保、高质量发展的会展道路明确了方向，同时也对当下会展业的复苏提出更高层次的要求。随着目前国内疫情防控进入常态化,各地会展业复苏的讯号接踵而至,被迫暂停的会展业终于等来了全面复苏的关键时刻,同时也面临着政府及相关主管部门提出的绿色发展更高要求。面对"一场展览会的结束就是一个垃圾场的诞生"的负面评价,作为行业成员,我们要反思一刀切模式是否正确?我们要打破单一展示模式,我们要重塑行业末端处理方式,变废为宝,需要各方努力才会有结果。——拒绝垃圾场,办展会就应该做到"绿色会展"。

附录1 2021年上海主要展览场馆展览会统计

上海新国际博览中心

序号	展 会 名 称	举办时间	面积/万 m²
1	摩都同人祭	01.01—01.02	4.936
2	上海时尚生活节	01.01—01.03	2.3
3	MWC21 上海	02.23—02.25	4.936
4	2021 慕尼黑上海电子生产设备展	03.17—03.19	6.9
5	FPD China 2021	03.17—03.19	1.234
6	SEMICON China 2021	03.17—03.19	6.086
7	慕尼黑上海光博会	03.17—03.19	3.45
8	中国(上海)机器视觉展暨机器视觉技术及工业应用研讨会(简称:VisionChina(上海))	03.17—03.19	1.15
9	2021 亚洲家居装饰展览会	03.24—03.26	1.15
10	2021 亚洲门窗遮阳展	03.24—03.26	4.936
11	2021 中国国际地面材料及铺装技术展览会	03.24—03.26	13.884
12	2021 酒店及商业空间博览会/第二十九届中国国际建筑装饰展览会/上海国际酒店工程设计与用品博览会/上海国际商业及工程照明展览会/上海国际酒店工程家具及商业空间设计展/2021 中国国际自助服务产品及自动售货系统展览会/2021 上海国际智慧零售展览会/2021 上海国际清洁技术与设备博览会/2021 上海国际商业楼宇设施及物业管理博览会/2021 上海国际室内空气净化展览会	03.30—04.02	19.97

续　表

序号	展　会　名　称	举办时间	面积/万 m²
13	上海国际健身展/2021CSE 中国（上海）国际泳池设施/泳池装备及温泉 SPA 展览会/上海国际别墅庭院园林景观展览会	04.06—04.08	6.17
14	第三十二届国际制冷、空调、供暖、通风及食品冷冻加工展览会	04.07—04.09	11.5
15	100plus 中国劳动保护用品交易会暨 2021 中国国际职业安全及防疫物资博览会	04.14—04.16	8.05
16	2021 慕尼黑上海电子展	04.14—04.16	6.17
17	中国国际花卉园艺展览会	04.15—04.17	4.6
18	2021 中国环博会	04.20—04.22	19.97
19	第二十三届中国国际焙烤展览会	04.27—04.30	19.97
20	2021 年中国国际自行车展览会/2021 年中国国际电动车及零配件展览会/2021 年中国国际摩托车及零部件展览会/2021 年上海国际户外骑行装备展览会	05.05—05.08	11.5
21	中国国际玻璃工业技术展览会	05.06—05.09	8.47
22	中国国际美容化妆洗涤用品博览会	05.12—05.14	19.97
23	CCF2021 上海国际厨卫及餐厅用品展览会/CCF2021 上海国际日用百货商品（春季）博览会	05.18—05.20	2.3
24	第二十二届中国国际食品和饮料展览会	05.18—05.20	15.202
25	上海国际电子烟产业博览会	05.18—05.20	1.234
26	第二十六届中国国际厨房、卫浴设施展览会	05.26—05.29	19.97
27	SNEC 第十五届（2021）国际太阳能产业及光伏工程（上海）展览会暨论坛	06.03—06.05	14.22
28	中国文化用品商品交易会	06.08—06.10	6.9

续 表

序号	展 会 名 称	举办时间	面积/万 m²
29	2021中国(上海)国际养老、辅具及康复医疗博览会	06.09—06.11	2.3
30	第二十二届中国国际润滑油品及应用技术展览会	06.09—06.11	1.15
31	消费者科技及创新展览会	06.09—06.11	6.17
32	中国(上海)国际园林景观产业贸易博览会	06.09—06.11	1.15
33	2021上海国际手办模型展	06.11—06.14	4.6
34	亚洲物流双年展/亚洲生鲜配送展	06.16—06.18	2.468
35	中国国际内部物流解决方案及流程管理展览会	06.16—06.18	1.234
36	第25届北京—埃森焊接与切割展览会	06.16—06.19	8.05
37	EPOWER2021第二十一届全电展/GPOWER2021第二十届动力展/IDCE2021数据中心产业展暨绿色能源大会	06.17—06.19	4.6
38	2021上海国际餐饮博览会/2021上海国际餐饮美食加盟展览会	06.22—06.24	2.3
39	2021上海国际先进轨道交通技术展览会暨上海国际地下工程与隧道技术展览会	06.22—06.24	1.15
40	第19届上海国际礼品/赠品及家居用品展览会	06.22—06.24	2.3
41	第3届上海国际网红品牌博览会	06.22—06.24	2.3
42	第十五届中国国际产业用纺织品及非织造布展览会	06.22—06.24	2.3
43	上海环保购物袋/包装袋及可降解制品展览会	06.22—06.24	2.3
44	中国国际农用化学品及植保展览会	06.22—06.24	8.47
45	2021第21届中国国际电机博览会暨发展论坛	06.27—06.29	2.3
46	2021第十三届国际新能源汽车技术及轻量化新材料、智能装备(上海)展览会/2021第五届上海国际新能源汽车、零部件及技术装备博览会/2021第十一届中国上海国际车灯与车辆照明技术展览会	06.27—06.29	2.3

附录1

续 表

序号	展 会 名 称	举办时间	面积/万 m^2
47	2021第五届中国上海国际车轮及轮胎展览会暨嘉年华活动/2021第五届中国上海国际汽车底盘及制动系统展览会	06.27—06.29	1.15
48	2021上海国际智慧城市暨智慧档案博览会/2021上海国际智能交通及交通设施展览会	06.27—06.29	1.234
49	2021上海网络安全博览会暨高峰论坛	06.27—06.29	1.234
50	IATW 2021上海汽车创新技术周/中国汽车创新技术大会/2021第十一届中国上海国际汽车内饰与外饰展览会(CIAIE 2021)/2021第四届中国上海国际智能座舱与自动驾驶技术创新展览会	06.27—06.29	3.45
51	2021上海国际显示技术及应用创新展览会(DIC 2021)/2021上海国际功能性薄膜技术展览会	06.30—07.02	3.45
52	亚洲(夏季)运动用品与时尚展	07.02—07.04	2.468
53	2021第十二届上海新零售微商及社交电商博览会/2021上海国际跨境电商交易博览会	07.02—07.04	1.15
54	2021国际表面工程(上海)展览会	07.07—07.09	1.15
55	2021中国国际铝工业暨上海国际工业材料展览会分展题:2021亚洲汽车轻量化展览会	07.07—07.09	4.936
56	第十六届上海国际压铸展暨2021上海国际有色铸造展	07.07—07.09	3.45
57	AMTS 2021上海国际汽车制造技术与装备及材料展览会/AHTE 2021上海国际工业装配与传输技术展览会/EVTech World 2021新能源汽车设计与制造技术展览会	07.07—07.10	9.2
58	第17届国际绿色建筑建材(上海)博览会/2021上海国际养老建筑产业展览会/2021上海国际适老化装修产业展览会	07.14—07.16	3.45
59	2021中国包装容器展	07.14—07.16	2.3
60	EVTECHEXPO第14届上海国际新能源汽车技术博览会(分展区:氢燃料汽车与加氢站、制氢、储运技术设备展)	07.14—07.16	1.15

113

续 表

序号	展会名称	举办时间	面积/万 m²
61	2021上海国际智能网联汽车及产业博览会	07.14—07.16	1.15
62	2021中国国际瓦楞展	07.14—07.17	6.17
63	2021中国国际彩盒展/2021上海内部物流及过程管理展览会/2021上海国际数字印刷设备技术展览会/2021上海国际软包展/2021上海国际纸展	07.14—07.17	3.45
64	第115届中国日用百货商品交易会暨2021中国现代智能生活用品博览会	07.22—07.24	15.034
65	上海国际礼品及促销品展览会	07.22—07.24	2.468
66	上海国际尚品家居及室内装饰展览会	07.22—07.24	2.468
67	UDE 2021国际消费电子及未来生活博览会/2021国际显示博览会	07.30—08.01	3.45
68	中国国际数码互动娱乐展览会	07.30—08.02	15.37
69	2021中国国际第二十六届小电机技术、磁性材料技术展览会	11.02—11.04	1.15
70	第二十五届FHC上海环球食品展/SFE第34届上海国际连锁加盟展览会/2021上海国际酒类精品展览会/2021第十二届上海国际罐藏食品及原辅材料、机械设备博览会/2021第11届上海国际现代农业品牌产品展览会/2021第16届上海国际肉类工业展/第十四届iFresh亚洲果蔬产业博览会	11.09—11.11	16.44

国家会展中心(上海)

序号	展会名称	举办时间	面积/万 m²
1	中国国际纺织面料及辅料(春夏)博览会	03.17—03.19	16.06
2	中国国际纺织纱线(春夏)展览会	03.17—03.19	2.65
3	中国国际服装服饰博览会(春季)	03.17—03.19	11.7

附录1

续 表

序号	展　会　名　称	举办时间	面积/万 m²
4	中国国际家用纺织品及辅料(春夏)博览会	03.17—03.19	2.65
5	中国家电及消费电子博览会	03.23—03.25	16.09
6	2021中国国际建筑贸易博览会	03.24—03.26	14.36
7	第三十届上海国际酒店及餐饮业博览会/2021上海高端食品与饮料展览会/2021上海国际咖啡与茶饮博览会/SFE第33届上海国际连锁加盟展览会	03.29—04.01	38.4
8	2021春季婚博会	04.10—04.11	5.35
9	第十九届上海国际汽车工业展览会(Auto Shanghai 2021)	04.19—04.28	38.4
10	CME中国机床展	05.06—05.08	11.65
11	第57届中国(上海)国际美博会	05.06—05.08	10.74
12	长三角国际应急减灾和救援博览会	05.07—05.09	5.31
13	全国药品交易会/2021国际健康营养博览会	05.12—05.14	10.74
14	中国国际医疗器械(春季)博览会/中国国际医疗器械设计与制造技术(春季)博览会	05.13—05.16	27.65
15	中国国际体育用品博览会	05.19—05.22	17
16	2021年亚洲3D打印、增材制造展览会	05.26—05.28	2.69
17	2021中国国际流体机械展览会	05.26—05.28	2.7
18	第十九届中国国际铸造博览会/第十五届中国国际压铸工业展览会/第二十届中国国际冶金工业展览会/第十九届中国国际工业炉及热工技术展览会	05.26—05.28	11.7
19	第十七届上海国际胶粘带保护膜及功能膜展览会/第十七届上海国际卷材与模切展览会/第十七届上海国际薄膜软包装展览会	05.26—05.28	5.31
20	LINK FASHION服装品牌展会	05.27—05.29	10.74

续 表

序号	展 会 名 称	举办时间	面积/万 m²
21	2021上海紧固件专业展	06.02—06.04	3.75
22	2021国际环保展/2021上海国际泵阀展/2021上海智慧环保展/2021生态舒适展/2021上海建筑水展/2021上海空气新风展/2021上海化工机械展/2021上海国际水展/2021上海国际地下空间展览会	06.02—06.04	18.6
23	中国国际食品添加剂和配料展	06.08—06.10	13.34
24	第二十八届上海同人展览会	06.12—06.13	13.44
25	中国国际纺织机械展览会暨ITMA亚洲展览会	06.12—06.16	16.96
26	2021CFIE中国食材展	06.18—06.20	5.37
27	第二十七届上海国际加工包装展览会PROPAK CHINA 2021/第二十一届上海国际食品加工与包装机械展FOODPACK CHINA 2021	06.23—06.25	10.61
28	第二十三届健康天然原料/食品配料中国展Hi & Fi Asia–China 2021	06.23—06.25	2.62
29	第十二届中国国际健康产品展览会/2021亚洲天然及营养保健品展/2021上海国际天然与健康产品博览会暨上海国际特膳食品展览会/第十一届上海国际健康产业品牌博览会暨康复与养老博览会/2021上海国际健康器械及用品展览会	06.23—06.25	3.73
30	第十六届上海国际淀粉及淀粉衍生物展览会Starch Expo 2020	06.23—06.25	2.69
31	上海国际液化天然气(LNG)技术装备展览会	06.23—06.25	2.65
32	中国国际五金博览会	06.23—06.25	13.44
33	第二十一届中国国际模具技术和设备展览会	06.29—07.02	9.05
34	2021上海国际儿童摄影展览会(春夏)	07.07—07.09	2.72

续 表

序号	展 会 名 称	举办时间	面积/万 m^2
35	中国上海国际婚纱摄影器材展览会(春夏)	07.07—07.09	5.37
36	2021国际电子电路(上海)展览会/2021上海国际水处理和洁净技术及设备展览会	07.07—07.09	5.31
37	上海国际摄影器材和数码影像展览会	07.07—07.10	2.62
38	2021 BilibiliWorld SHANGHAI	07.09—07.11	11.7
39	全球授权展-上海站	07.14—07.16	2.7
40	CBME孕婴童食品展	07.14—07.16	7.95
41	CBME玩具展	07.14—07.16	2.62
42	CBME童装展	07.14—07.16	2.68
43	CBME孕婴童展	07.14—07.16	13.4
44	2021淘宝造物节	07.17—07.25	2.7
45	上海国际广告技术设备展览会/上海国际数字标识系统及应用展览会/上海国际照明展览会/第三届上海国际创意设计印刷包装纸业精品展/上海国际数字印花展/上海国际图文快印展/上海国际新零售及消费场景设计展	07.21—07.24	21.26
46	2021(上海)中国国际金属成形展览会	07.27—07.30	2
47	中国国际服装服饰博览会(秋季)/中国国际针织(秋冬)博览会	10.09—10.11	6.35
48	中国国际纺织纱线(秋冬)展览会	10.09—10.11	2.65
49	中国国际家用纺织品及辅料(秋冬)博览会	10.09—10.11	10.68
50	中国国际纺织面料及辅料(秋冬)博览会	10.09—10.11	18.72
51	2021中国国际口腔设备器材博览会	10.19—10.22	2.65
52	中国国际进口博览会	11.05—11.10	36.6

上海世博展览馆

序号	展会名称	举办时间	面积/万 m²
1	第四届中国庭院与花园园艺展览会	01.05—01.07	2.5
2	FIBO CHINA 上海国际健身与健康生活方式展览会	03.21—03.23	4.2
3	2021 华夏家博会 44 届	03.26—03.28	3.4
4	2021 上海国际房车露营展览会/国际公务艇展览会/国际户外运动休闲展览会/国际路亚钓鱼及装备展览会/国际民宿产业博览会/国际水上运动展览会/国际游乐设备展览会/旅游产业博览会/生活方式上海秀/中国(上海)第二十五届国际船艇及技术设备展览会暨 2021 上海国际游艇展	04.01—04.03	4.2
5	2021 上海国际针纺博览会(春夏季)	04.01—04.03	1.7
6	CCLE 教育后勤展览会/SIE 民办学校发展及建设展览会/上海国际校服·园服展览会	04.09—04.11	5.9
7	中国(上海)国际技术进出口交易会	04.15—04.17	4.2
8	2021 上海国际潜水暨度假观光展	04.16—04.18	1.2
9	IOTE 2021 第十五届国际物联网展·上海站	04.21—04.23	1.7
10	第三十届中国国际电子生产设备暨微电子工业展	04.21—04.23	4.2
11	2021 上海国际火锅展览会	04.27—04.29	1.2
12	2021 上海国际快递物流博览会	04.27—04.29	0.8
13	中国(上海)国际绕线机、线圈、绝缘材料、磁性材料及电机、变压器制造展览会	04.27—04.29	1.7
14	2021 华夏家博会 45 届	05.01—05.03	3.4
15	《明日方舟》音律联觉 Ambience Synesthesia 专场演出	05.02—05.03	2.5
16	中国(上海)国际眼镜业展览会	05.06—05.08	7.1

附录 1

续 表

序号	展会名称	举办时间	面积/万 m²
17	2021 第 16 届上海国际袜业采购交易会	05.11—05.13	2.5
18	第三届上海国际生活时尚内衣展览会/第四届上海国际流行服饰配饰展览会/第四届上海国际帽子围巾手套展览会	05.11—05.13	1.7
19	亚洲国际天然产品博览会/2021 亚洲国际精酿啤酒展览会暨会议/亚洲国际有机产品博览会	05.12—05.13	3.4
20	2021 第三届中国(上海)国际计量测试技术与设备博览会	05.18—05.20	1.7
21	第 17 届亚洲打印技术及耗材展览会暨上海智能办公电商展览会	05.19—05.21	1.2
22	2021 中国国际粉末冶金、硬质合金与先进陶瓷展览会	05.23—05.25	2.5
23	2021 TOPS 上海它博会	05.28—05.30	4.2
24	2021 第十八届上海国际茶业交易(春季)博览会	05.28—05.31	1.7
25	2021 中华老字号博览会	05.28—05.31	1.2
26	2021 上海国际商业综合体产业展览会(SRIE2021)	06.03—06.05	1.2
27	设计上海	06.03—06.06	4.2
28	第四届森林食品交易博览会/第五届上海国际农产品博览会	06.07—06.09	1.7
29	2021 夏季婚博会	06.12—06.13	5.9
30	2021 上海浦东汽车博览会	06.12—06.14	1.2
31	2021 上海国际电影技术展览会	06.16—06.18	1.7
32	2021 上海国际交通工程、智能交通技术与设施展览会	06.17—06.19	2.5
33	2021 第三届上海国际物业展	06.23—06.25	1.2
34	2021 上海国际珠宝首饰展览会	06.24—06.27	2.5

续　表

序号	展　会　名　称	举办时间	面积/万 m²
35	2021 华夏家博会	06.25—06.27	1.7
36	2021 上海国际残疾人、老年人康复护理用品用具展览会/国际临床检验及实验室设备展览会/国际医疗器械展览会/国际医用防护用品展览会/国际医用消毒及感控设备展览会	06.30—07.02	1.7
37	2021 世界人工智能大会	07.08—07.10	4.2
38	2021 集装箱多式联运亚洲展	07.20—07.22	1.7
39	第十九届上海国际非织造材料展览会	07.22—07.24	4.2
40	中国国际聚氨酯展览会	07.28—07.30	2.5
41	上海国际粉体工业/散料输送展览会	07.28—07.30	1.7
42	2021 中国艺术教育行业博览会	08.02—08.04	3.7
43	第二十五届上海国际口腔器材展览会	11.03—11.06	4.2

上海世贸商城

序号	展　会　名　称	举办时间	面积/万 m²
1	团车网购车节	04.03—04.04	0.525
2	2021 秋冬上海 MODE 服装服饰展	04.07—04.11	0.525
3	万代玩具特卖会	04.15—04.18	0.2
4	2021 第十八届中国国际成人保健及生殖健康展览会	04.16—04.18	0.525
5	2021 上海国际防疫物资展览会	04.22—04.23	0.525
6	长三角地区春季人才交流洽谈会暨 2021 届高校毕业生择业招聘会	04.25—04.25	0.525
7	2021 春夏季新品说明会	04.28—04.28	0.525

续 表

序号	展 会 名 称	举办时间	面积/万 m²
8	2021完美孕妇节上海活动周	05.15—05.16	0.525
9	上海HR联盟虹桥分会一届一次大会	05.18—05.18	0.525
10	上海三星集团销售会	05.20—05.23	0.525
11	第七届全球文旅产业精品住宿高峰论坛	05.21—05.21	0.2
12	第16届上海国际幼儿教育暨亲子产业博览会	05.21—05.23	0.525
13	团车网购车节	05.29—05.30	0.525
14	Asics 22SS订货会	06.10—06.11	0.2
15	2021上海国际智能装备及制造技术展览会	06.18—06.20	0.525
16	2021上海国际高端葡萄酒及烈酒展览会/2021上海国际酒店用品及餐饮业供应商交易会暨水产海鲜、餐饮食材博览会	06.23—06.25	0.525
17	2021上海乐享生活嘉年华展览会	07.09—07.11	0.525
18	上海当今住宅博览会（2021第二届717家装购物节）	07.16—07.18	0.525
19	第三届李斯特国际青少年钢琴大赛中国区选拔赛	07.18—07.18	0.2
20	2021海外留学生专场招聘会	07.22—07.22	0.525
21	团车网购车节	07.24—07.25	0.525
22	中国商业地产top100研究发布与高峰论坛	07.30—07.30	0.2

上海跨国采购会展中心

序号	展 会 名 称	举办时间	面积/万 m²
1	首届园林景观新场景新材料展览会	01.09—01.11	0.65
2	2021中国美陈展	03.30—03.31	0.95

续 表

序号	展 会 名 称	举办时间	面积/万 m²
3	和家家博会	04.03—04.05	0.9
4	2021上海国际情趣生活及健康产业博览会	04.16—04.18	1.3
5	2021全球物流企业发展博览会	04.22—04.23	0.5
6	2021上海国际泡沫工业展览会	04.28—04.30	0.6
7	第九届宠物诊疗产品展览会	04.28—04.30	0.8888
8	2021第八届上海品牌楼梯与配套产品展览会	05.08—05.10	0.95
9	IESD2021国际表面活性剂和洗涤剂展览会	05.13—05.15	0.5
10	2021第四届上海休闲水处理工程设计与产品博览会&2021第九届上海泳池水疗水上乐园温泉洗浴展览会	05.18—05.20	0.65
11	2021年第30届和家家博会	05.22—05.23	0.6
12	国际芳香产业（上海）展览会	06.11—06.13	0.95
13	2021上海国际眼科和视光技术及设备展览会	06.18—06.20	0.95
14	首届VCON新锐品牌展	06.29—06.30	0.3
15	2021第十五届亚洲美业进出口博览会	07.14—07.16	1.7949
16	2021上海国际区块链技术与应用、web3.0/区块链分布式存储博览	10.23—10.25	0.5
17	得物潮流嘉年华	10.30—10.31	1.3

上海汽车会展中心

序号	展 会 名 称	举办时间	面积/万 m²
1	天猫好车薅羊毛拍摄	01.25—01.25	0.4
2	HUAWEI HOS发布会视频	03.14—03.14	0.3

附录1

续 表

序号	展 会 名 称	举办时间	面积/万 m²
3	上汽大通 MPV 之夜	04.10—04.10	0.6
4	上海院士成果展示与转化中心揭牌仪式	04.22—04.22	0.85
5	第三届中国国际房车旅游博览会	04.23—04.25	6.3
6	2021F1电竞中国冠军职业联赛揭幕战暨2021嘉定"嘉速超越"方程式赛车嘉年华	05.01—05.01	0.9
7	2021房车首展 RV SHOW	05.27—05.30	5.7
8	2021第七届上海国际汽车灯具展览会(ALE)	06.03—06.04	1.3
9	第六届国际氢能与燃料电池汽车大会及其他会议	06.08—06.10	1.2
10	2021第六届国际氢能与燃料电池汽车大会	06.09—06.09	0.55
11	上海国际电池、充电桩、储能及电动汽车技术展览会	07.07—07.09	1.11
12	地平线整车智能暨战略发布会	07.29—07.29	0.6
13	前晨品牌与产品发布会	08.05—08.05	0.4
14	第四届长三角科技成果交易博览会	11.17—11.19	1.6

上海展览中心

序号	展 会 名 称	举办时间	面积/万 m²
1	2021中国(上海)国际珠宝展	01.15—01.18	0.37
2	2021上海珠宝首饰展览会	03.26—03.29	0.37
3	时堂 Showroom Shanghai	04.10—04.12	1.28
4	2021上海国际私人健康管理及医疗定制服务	04.23—04.25	0.34
5	中国自主品牌博览会	05.10—05.12	1.92
6	2021第十八届上海教育博览会美育展	05.21—05.23	1.26

续　表

序号	展　会　名　称	举办时间	面积/万 m²
7	GUCCI GARDEN EXHIBITION	05.28—08.01	0.20
8	全球技术转移大会暨世界技术经理人峰会	05.31—06.02	0.94
9	第 27 届上海电视节电视市场展览会	06.06—06.08	1.37
10	第 24 届上海国际电影节电影市场展览会	06.12—06.14	1.20
11	上海国际茶叶博览会春季展	06.17—06.20	0.71
12	一带一路名品展	06.25—06.27	0.94
13	时堂 Showroom Shanghai 2021 WINGER+	07.01—07.04	0.94
14	2021 上海国际奢侈品包装展览会	07.07—07.08	1.04
15	2021 上海珠宝首饰展览会	07.16—07.19	0.37
16	FASHION ZOO 时髦圈儿	10.15—10.18	0.80
17	2021 影像上海艺术博览会	11.03—11.06	0.64
18	ART021 上海廿一当代艺术博览会	11.12—11.14	1.28

上海农业展览馆

序号	展　会　名　称	举办时间	面积/万 m²
1	安吉（上海）推介活动	05.29—05.30	0.75
2	上海市农业农村系统庆祝建党 100 周年图片和书画作品展	06.28—07.03	0.54
3	2021 上海地产果品直销展	07.30—08.01	0.18
4	2021 上海水族展	10.05—10.08	0.54

附录2　浦东新区"十四五"期间支持贸易中心建设财政扶持办法

第一条　为贯彻落实《中共中央国务院关于支持浦东新区高水平改革开放打造社会主义现代化建设引领区的意见》，支持完善产业结构，提升主体能级，深化枢纽功能，增强全球资源配置能力，进一步深化浦东上海国际贸易中心核心承载区建设，根据《浦东新区"十四五"期间财政扶持经济发展的意见》，制定本办法。

第二条　在浦东新区范围内依法设立的企业，工商注册地和税收户管地在浦东新区的，经认定，适用本办法。

第三条　本办法所称新落户企业是指2021年1月1日(含)以后在浦东新区设立的企业。

第四条　本办法所称对浦东新区的综合贡献，是指结合企业发展的实际情况，对其经济贡献、科技创新、促进就业、节能减排、社会诚信和安全生产等因素进行的综合考核评定。

第五条　支持引进培育具有资源配置力的贸易中心主体。

具有资金结算、订单销售、物流运作或连锁经营等功能的营运中心，经认定或复核，根据企业对浦东新区的综合贡献，可在五年内每年获得一定奖励。

具有国际供应链支撑的全球著名零售企业投资的商业企业或商贸连锁经营企业，经认定，根据企业对浦东新区的综合贡献，可在五年内每年获得一定奖励。

开展国际性、专业性会展项目的会展企业，经认定或复核，根据企业对浦东新区的综合贡献，可在五年内每年获得一定奖励。

第六条 支持国际化主体开展"走出去"跨国经营

开展国际化投资的企业,经认定,根据企业国际化投资对浦东新区的综合贡献,可在五年内每年获得一定奖励。

第七条 支持打造具有影响力的大宗商品市场。支持大宗商品企业在市场内集聚发展。

大宗商品市场内企业,经认定或复核,根据企业对浦东新区的综合贡献,可在五年内每年获得一定奖励。

所称大宗商品市场,是指在浦东新区依法设立,纳入大宗商品市场监管体系,按各级政府有关规定要求运行,由买卖双方进行公开的、经常性的或定期性的大宗商品现货交易活动,具有信息、物流等配套服务功能的场所或互联网交易平台。

第八条 支持大宗商品贸易规模增长

开展大宗商品贸易的商贸企业,经认定,根据企业开展大宗商品贸易对于浦东新区的综合贡献,可在五年内每年获得一定奖励。

第九条 支持商圈业态集聚和完善产业园区商业配套

(一)支持商圈业态集聚和升级,大型商业设施内新落户并经营的具有一定规模和品牌知名度的企业,经认定,根据企业对浦东新区的综合贡献,可在三年内每年获得一定奖励。

(二)鼓励完善产业园区商业配套,园区内新落户并运营的企业,经认定,根据企业对浦东新区的综合贡献,可在三年内每年获得一定奖励。

第十条 支持电子商务主体集聚、品牌建设和引领示范

(一)电子商务企业,经认定或复核,根据企业对浦东新区的综合贡献,可在五年内每年获得一定奖励。

(二)鼓励社会投资者参与电商园区建设并开展主题招商,根据入驻园区的电子商务企业对浦东新区的综合贡献,经认定,园区运营主体可在五年内每年获得一定奖励。

第十一条　附则

（一）对既适用上级机关相关扶持规定,又适用本办法的,一律先执行上级机关规定,执行后与本办法相比不足部分,可补充执行。同一扶持对象在选择区级不同类型的财政扶持政策时可从优,但不得重复或同时享受。（本办法第八条适用情形除外）

（二）本办法自2022年2月26日起实施,有效期至2025年12月31日。2021年1月1日至2022年2月25日期间,符合本办法规定的,参照本办法执行。实施中如遇国家或上海市颁布新的规定,则按新规定的要求执行。

（三）本办法由浦东新区商务委、财政局根据职责分工进行解释。

附录 3

上海市青浦区商务委员会
上海市青浦区发展和改革委员会
上海市青浦区科学技术委员会
上海市青浦区文化和旅游局
上海市青浦区市场监督管理局
上海市青浦区体育局

青商规〔2021〕2号

青浦区商务委 发改委 科委 文旅局
市场监管局 体育局关于印发《青浦区
加快推进现代服务业高质量发展
实施细则》的通知

各有关单位：

附录3

经区政府同意,现将《青浦区加快推进现代服务业高质量发展实施细则》印发给你们,请遵照执行。

附件:青浦区加快推进现代服务业高质量发展实施细则

青浦区商务委员会	青浦区发展和改革委员会
青浦区科学技术委员会	青浦区文化和旅游局
青浦区市场监督管理局	青浦区体育局
	2021年7月15日

附件（1）

青浦区加快推进现代服务业高质量发展实施细则

第一章 总则与使用范围

第一条 为贯彻落实上海市《关于推动我市服务业高质量发展的若干意见》、《关于青浦区全面落实打响上海"四大品牌"实现跨越式发展的指导意见》等文件精神，抢抓中国国际进口博览会、长三角生态绿色一体化发展示范区、虹桥国际开放枢纽建设和青浦新城发展等战略机遇，围绕我区主导产业和特色产业，加快形成4~6个千亿级产业集群、8~10个百亿级产业平台的目标，加快推进现代服务业高质量发展，结合本区实际，特制定本实施细则。

第二条 由区财政每年安排现代服务业发展专项资金（以下简称"专项资金"），支持和鼓励服务业企业加快创新发展，提升经营能力，做大产业规模。

第三条 专项资金支持的对象须为经认定的在我区依法登记注册纳税的法人组织，且财务管理制度健全，会计信用、纳税信用和经济效益良好，具有较好发展前景。

第四条 对获得国家、市级资金支持的项目，上级文件明确规定资金配套比例的，按上级文件执行；要求配套但配套资金比例不明确的，原则按照1∶0.5标准给予支持，对已获得区级财政扶持的不予配套。

第二章 扶持类别与额度

第五条 现代物流

1. 支持企业做大做强。对上年度本区营业收入达到30亿元且同比增幅超过25%、达到100亿元且同比增幅超过15%、达到200亿元且同比增幅超过10%的企业,分别给予一次性资金扶持30万元、50万元、100万元。

2. 支持与电子商务协同发展。对快递企业为注册在本区电子商务企业提供仓配一体化服务,为5家以上服务且日均发件量超过5万件的,给予一次性资金扶持50万元,为3家以上服务且日均发件量超过3万件的,给予一次性资金扶持30万元。

3. 支持企业信息化、自动化发展。对采用信息管理系统、自动分拣系统等先进技术与设备(包括无人机、无人驾驶货车、机器人等物流智能装备),投资在300万元以上(含)的,按技术与设备实际投资额(项目累计投资额最长不超过两年)的10%给予单个项目不超过300万元的资金扶持。

4. 支持企业开展数字化应用。鼓励企业依托人工智能、区块链、无人驾驶、5G、北斗导航等技术,在运输、仓储、配送等环节开展数字化场景应用。对企业采用本区数字化应用企业技术在区内开展场景测试应用和软硬件一体化集成服务的,根据实际发生金额的10%给予单个企业不超过200万元的年度资金扶持。

5. 支持企业拓展智能末端配送设施。对在区内新设立自助投递终端20个及以上的、每个自助投递终端不少于50个智能投递柜的,给予每个新设立自助投递终端一次性资金扶持2 000元,单个企业每年扶持金额累计不超过10万元。

6. 支持公共与专业服务平台建设。对新引入的行业公共研发服务平台、检测认证服务平台、科技信息服务平台及专业实验室等各类专业平台,对国家级、市级、区级平台,分别给予一次性资金扶持50万元、30万元、10万元。

7. 支持标准化门店建设。支持快递企业加大对区内自有快递末端网点的投入,改善快递网点设施水平,建设改造有统一外观标识、管理规范的快递标准化门店。对按照《快递营业场所设计基本要求》(YZ/T0137—2015)及《邮政业安全生产设备配置规范》(YZ0139—2015)进行建设改造,场地面积不小于30平方米的标准化门店,给予每个门店一次性设备扶持资金2万元,单个企业年度扶持金额累计不超过10万元。

8. 支持企业参加等级评定。按照国家《物流企业分类与评估指标》标准,对首次被认定为国家5A和4A的物流企业分别给予一次性资金扶持50万元、30万元。对列入国家、市级试点示范项目和创新工程(含供应链物流、金融物流、智慧物流、甩挂运输和物流企业联盟等)的物流企业,分别给予一次性资金扶持20万元、10万元。

9. 支持企业配备安全生产设备。对快递物流企业购置X光安检机的,鼓励落实寄递安全三个100%(收寄验视、实名收寄和过机安检100%),对区内新购置并使用X光安检机的企业,按购置价(不含税)30%给予单个企业不超过20万元的年度资金扶持。

10. 支持企业推广使用新能源汽车。支持企业改造提升本区末端投递车辆,对买断四年以上使用权的,每辆一次性扶持2万元;对租赁新能源汽车,每辆车按照年度实际租赁总费用的30%给予扶持。单个企业年度累计获得扶持资金不超过200万元。

支持企业采购新能源干线车辆,对买断四年以上使用权的,每辆一次性扶持5万元;对租赁新能源汽车,每辆车按照年度实际租赁总费用的10%给予扶持。单个企业年度累计获得扶持资金不超过200万元。

纳入扶持的新能源汽车须是在我区销售的,属于国家《节能与新能源汽车示范推广应用工程推荐车型目录》或其他相关推荐车型目录中的车型,符合上海市确定的安全性、动力性、维护保障等要求,且列入上海市新能源汽车登记车型目录的纯电动、氢能源、燃料电池等新能源汽车。新能源汽车销售公司必须在青浦区设立独立注册的销售子公司,同时在青浦设立维修保障服务的机构和远程实时监控平台,具备对所销售汽车提供相应的维修保障和三电系统运行状况实时监控能力。

11. 支持快递包装循环利用。引导消费者自觉保护环境、低碳消费,对每个区内设置包装废弃物回收装置的快递自有末端网点和快递末端综合服务站点给予一次性资金扶持500元,单个企业年度扶持金额累计不超过3万元。

12. 支持国际航空物流费用。对年实际发生国际航空物流费用(含邮政小包)达2 000万元以上的国际物流企业,按年实际发生国际航空物流费用(含邮政小包)的5‰给予单个企业不超过30万元的年度资金扶持。

13. 支持开设国际物流专线。对开设国际物流专线且上年度开展50、100、200次以上航空货运包机业务的企业,分别给予资金扶持15万元、30万元和50万元。

14. 支持企业海外仓建设。支持我区快递企业在重点目标市场国家(地区)新设跨境电子商务海外仓,对经认定仓储总面积达5 000平方米以上的海外仓,对企业海外仓场地购置、租赁、仓储设施扩容升级等费用,按实际固定资产投资额的10%给予不超过50万元的一次性资金扶持。

15. 支持产业链延伸发展。着力引进国内外知名的现代物流产业链上下游企业总部,包括航空货运、国际货代、供应链管理、电子商务等,推进企业全球和区域总部、运营中心、研发中心、结算中心等落户青浦,经认定为总部企业的,按照总部经济相关扶持政策执行。

第六条 会展服务

1. 支持会展业集中集聚。吸引会展业企业在本区会展业集聚园区或会展业特色园区注册,园区内累计注册会展业企业达到50家、100家和200家的,分别给予园区运营方一次性资金扶持20万元、50万元和100万元。若园区运营方再进档的,则一次性补发所进档与已获档之间的差额。

2. 支持智慧场馆建设。鼓励会展业集聚园区或会展业特色园区内展馆运营方改造提升设施以及利用信息化手段提高会展活动技术水平和服务功能。对实际投资额在 500 万元以上的服务设施改造项目,按实际投资额的 10% 给予不超过 300 万元的资金扶持。

3. 支持引进会展业企业。对新注册本区的会展业企业按前三年实际发生办公用房租金的 50% 给予每年不超过 20 万元的资金扶持。

4. 支持引进知名会展主承办方。鼓励国内外知名品牌会展主承办方注册本区,年组办会展营业收入超过 1 000 万元、3 000 万元、1 亿元、5 亿元和 10 亿元的会展主承办方注册设立子公司或控股公司的,分别给予一次性资金扶持 10 万元、30 万元、50 万元、100 万元和 200 万元。

5. 支持会展业企业做大做强。从事会展业务营业收入占总收入比例不低于 60% 的会展业企业,经审定,从事会展业务的年营业收入首次超过 1 000 万元、3 000 万元、1 亿元、5 亿元和 10 亿元的,分别给予一次性资金扶持 15 万元、30 万元、50 万元、100 万元和 200 万元。若会展业企业再进档的,则一次性补发所进档与已获奖档之间的差额。

6. 支持展览举办。

对在本区举办 3 天(含)以上的大型展览活动予以扶持,展览规模达到 5 万平方米、10 万平方米和 20 万平方米的,分别给予主承办方一次性资金扶持 20 万元、40 万元和 80 万元,同一主承办方每年累计获得扶持资金不超过 200 万元。对在市内区外举办 3 天(含)以上的大型展览活动予以扶持,展览规模达到 10 万平方米的,给予主承办方一次性资金扶持 20 万元,同一主承办方每年累计获得扶持资金不超过 40 万元。

培育专业性展会,对在本区举办产业特色明显且符合本区产业导向,展览面积在 1~5 万平方米的特色展会,经认定,对主承办方按照每万平方米 6 万元给予不超过 30 万元的一次性资金扶持。

鼓励展会数字化转型,线上单个展会展商规模达到 500 家、1 000 家、3 000 家和 5 000 家的,分别给予主承办方一次性资金扶持 5 万元、10 万元、30 万元和 50 万元。

推动会展新基建,打造线上展览平台且单个展会展商规模达到500家、1 000家、3 000家和5 000家的,分别给予线上展览平台一次性资金扶持5万元、10万元、30万元和50万元,同一线上展览平台每年累计获得扶持资金不超过150万元。

对近三年获评"上海市品牌展会"或"上海市优秀展会"的,分别给予主办方一次性资金扶持20万元和10万元。

7. 支持会议举办。

对在本区举办2天(含)以上的会议活动,参会人数达到200人、500人、1 000人和5 000人以上的,按照实付会议场地租金的30%分别给予主办单位不超过10万元、30万元、50万元和100万元的资金扶持。来自境外5个(含)以上国家(地区)、境外参会代表不少于参会人数20%的国际会议,参会人数标准可下浮50%。

会议是指由各类部门、行业组织、企业主办的品牌化的、有影响力的、具有产业带动或长三角联动效应的会议活动。

8. 提升会展业品牌影响力。加大会展宣传推介,营造良好的产业发展环境,以下6个方面活动按实际发生费用的50%给予单个项目不超过100万元的资金扶持。

(1) 用于本区会展业和会议、展览活动的宣传推介及光盘、刊物和其他会展宣传用品的设计制作及其他宣传经费。

(2) 用于本区争(申)办全国性或国际性的各类规模大、社会效益好或能长期在本区举办的专业会议和展览的各种直接费用。

(3) 用于鼓励相关机构结合各类专业展会,开展符合本区产业导向并主要面向本区企业的主题推介、技术对接等活动费用。

(4) 对获UFI(国际展览业协会)、国际会议协会(ICCA)等国际性组织认证的本区机构或项目,认证后3年的会员费。

(5) 鼓励省市级以上协会类机构注册本区,给予入驻机构"三年租金扶持"。

（6）用于促进本区会展业发展的基础性工作，包括规划编制、调研、统计、评估等工作。

第七条　现代商贸

1. 支持引进消费新品牌。鼓励商业综合体引进国内外品牌企业，对引进国内外一线品牌开设旗舰店、专卖店的，给予一次性资金扶持20万元。

2. 支持发展首店经济。知名品牌企业在我区开设全国、上海市、青浦区首店的，分别给予一次性资金扶持30万元、20万元、10万元。

3. 支持发展夜间经济。支持打造具有一定规模、集聚一定人气的夜生活集聚区，经评定为市级夜间经济示范项目的，给予运营方一次性资金扶持50万元。经区级部门评定的，给予运营方一次性资金扶持25万元。

4. 支持发展特色街区、特色小店。对新获评国家级、市级和区级商业特色街区、示范社区商业的运营主体，经认定分别给予一次性50万元、30万元和20万元的资金扶持。支持"特色小店"入驻商场、商业街、社区，对经认定且持续经营满1年的小店运营主体，给予一次性运营资金扶持5万元。

5. 支持举办新品首发活动。国际高端知名品牌、原创设计师品牌等在我区举办有一定影响力新品首发活动的，按实际发生金额的50%给予不超过20万元的一次性资金扶持。

6. 支持引进商业新业态新模式，推进商贸业新型基础设施建设。支持各类零售企业发展智能储物柜、保温外卖柜、智能售货机、无人贩卖机、智能回收站，经营满一年且有较好的经济社会影响力的，经认定，首次在青浦租赁经营场所的，根据实际租赁面积，按照年租金的30%给予不超过20万元的一次性扶持。

7. 支持老字号品牌引进培育。对新迁入的或者新获得商务部认定的

"中华老字号"称号的企业,给予一次性资金扶持20万元;对新迁入的或者新获得市商务委认定的"上海老字号"称号的企业,给予一次性资金扶持10万元。

8. 支持品牌连锁化经营。对总部注册并纳税在本区的连锁经营品牌企业发展连锁门店达到30家的,经验收合格,给予一次性资金扶持30万元;以后每增加20家,给予资金扶持10万元。

9. 支持规模型商业综合体建设运营。新引进的营业面积达到1~5万平方米、5~10万平方米、10万平方米以上的,且运营一年内店铺开业率达70%以上、入驻商户落户并纳税在青浦比例达80%以上的大型商业综合体,分别给予运营主体资金扶持200万元、300万元、500万元,分三年按40%、30%、30%比例发放。

10. 支持规模型商业零售企业。对新增商业零售企业首次年度零售额超过5亿元、10亿元以上的企业分别给予资金扶持50万元、100万元;对现有社零额达30亿元以上的企业,年新增零售额5亿元以上的给予资金扶持50万元。

11. 鼓励跨界融合促进消费。鼓励本区制造业企业拓展供给侧能级,优化终端零售业务企业,鼓励成立属地线上、线下销售公司进行专业化营销,促进制造与促消费融合,零售额每达到1亿元给予销售公司资金扶持10万元。

12. 支持现有商业升级改造。积极鼓励现有商业载体配套升级和业态调整,对运营期满五年且商业面积在3万平方米以上的商业载体,且对商业设施改造和业态调整整体超过70%以上,改造满一年且成效显著的项目,经认定,按照项目总投资额的30%给予不超过300万元的一次性扶持;对载体增加体验型、服务型功能的局部改造项目,经认定,按照项目总投资额的20%给予不超过100万元的一次性扶持。

13. 鼓励商业企业争创年度诚信经营示范商户。经认定的年度"青浦区诚信经营示范商户"给予每家资金扶持 10 万元。

14. 支持商业绿色节能发展。鼓励开展国家绿色商场、市级绿色商场创建。对获评国家级、市级绿色商场的,给予一次性资金扶持 20 万元、10 万元。

15. 支持社区商业发展。支持发展大型居住社区街坊商业,引入银行网点和大中型商业集团先进零售业态、老字号、品牌连锁企业、便民服务网点给予租金补助,给予入驻企业租金"三年租金减半"扶持。支持引进市场化运作、专业化管理机构,对引进的专业运营公司给予一次性开办扶持 20 万元。

16. 支持乡村商业载体建设发展。对新开办和完成改造并通过验收的示范性乡村商业网点,按照每平方米 1 000 元给予建设装修扶持,扶持总面积不超过 250 平方米,扶持资金分三年按 40%、30%、30% 比例发放。设立设备购置资金扶持。对新开办和完成改造并通过验收的示范性乡村商业网点,按照每个网点设备购置费用的 50% 给予总额不超过 5 万元的资金扶持。设立房租租金扶持。对新开办和完成改造并通过验收的示范性乡村商业网点,每个网点给予三年租金扶持,按年租金的 30% 给予每年每个网点不超过 5 万元的租金扶持。

17. 支持早餐工程建设。鼓励总部落户在青浦的有品牌知名度和连锁经营规模的餐饮龙头企业建设或改建提升并经市商务委认定的早餐加工配送中心(主要建设研发中心、生产设备、食品安全检测系统、信息管理系统和冷链配送系统等),总面积原则上不少于 1 000 平方米,经验收合格后,按项目实际投资的 50% 给予不超过 200 万元的资金扶持。

鼓励推广早餐新模式,支持有品牌知名度和连锁经营规模的餐饮龙头企业建设网订柜取等新模式早餐网点,对于开设到大居或者早餐薄弱社区区域的,每开设一个网点,按每个项目实际投资的 50% 给予不超过 20 万元的资金扶持。

支持传统特色早餐网点建设,经示范性验收合格后,按每个项目实际投资的50%给予不超过20万元的资金扶持。

18. 支持对接实施消费扶贫项目。对引入对口帮扶地区绿色农产品摆摊设柜、实现产品产销对接并取得实际扶贫成效的商场、超市、商业街,按照年租金的50%给予不超过10万元的一次性资金扶持。

19. 支持举办购物节(季)及节庆促消费活动。鼓励支持商贸服务企业或行业协会等组织参与市、区重大购物节庆活动或其他促进消费活动。对活动效应好,辐射范围广,在服务民生、促进消费、提升商业能级、提高商业从业人员服务素养等方面有积极推进作用的,经评审认定后,按活动实际发生经费的50%给予每个活动不超过100万元的资金扶持。对积极参加市、区各类评优活动并荣获市级荣誉的,每个活动给予资金扶持20万元;荣获区级荣誉的,每个活动给予资金扶持10万元。

第八条 电子商务

1. 推进电子商务与商贸业、制造业融合发展。对经国家级、市级、区级认定的电子商务示范基地、企业、园区、平台等分别给予一次性资金扶持100万元、50万和25万元。

2. 鼓励电子商务企业和第三方电商平台规模化发展。电子商务企业年度网络批发、零售总额首次达到10亿元、50亿元、100亿元的,分别给予一次性资金扶持30万元、50万元、100万元;第三方电商平台运营企业年度交易额首次达到100亿元、500亿元、1 000亿元的,分别给予一次性资金扶持50万元、100万、200万元。

3. 推进电子商务进农村。支持区内电子商务企业为本区农业产业化提供多元化服务,为企业和农户搭建网上交易平台,带动农产品通过电子商务渠道开展销售。对上年度实现区内农产品线上交易额500万元以上的平台企业,经认定,按区内农产品线上交易额的2‰给予单个企业每年不超过10万元的资金扶持。

4. 推进跨境电子商务健康快速发展。对跨境电子商务产业扶持按照《青浦区加快发展跨境电子商务实施办法》执行。

第九条 软件信息

1. 对运营一年以上的软件信息服务业企业，年营业收入超过 2 000 万元，且实缴资本达到 500 万元、1 000 万元、5 000 万元及以上的企业，经认定后，分别给予一次性开办扶持 40 万元、60 万元、100 万元。

2. 对在本区开展经营活动的企业发生的网络通信费用、服务器托管费用、云计算服务费超过 30 万元的部分，予以 50% 扶持，可连续申报 3 年，每年不超过 100 万元；企业使用软件开发云等服务，对第 1~2 年服务费给予全额扶持，对第 3~5 年每年服务费的 50% 给予每年不超过 100 万元的资金扶持。

3. 在青浦工业园区、西虹桥商务区、市西软件信息园内建房、购房或本区内租赁自用办公用房的软件和信息服务业企业。购建自用生产办公用房的，按购建办公用房总价的 10% 给予不超过 200 万元的一次性资金扶持。租赁自用生产办公用房，租赁期限在三年以上（含），按年租金的 30% 给予每年不超过 60 万元的租金扶持，可连续申报 3 年。

4. 对上年度营业收入首次突破 1 亿元、5 亿元、10 亿元的企业核心团队分别奖励 100 万元、300 万元、500 万元，不超过企业上年度缴纳区级地方税收留成部分的 50%。企业核心团队成员应在该企业连续工作两年以上，并且在本区依法纳税。申报的核心团队成员最少不少于 5 人，首次突破 10 亿元的最多不超过 30 人，首次突破 5 亿元的最多不超过 20 人，首次突破 1 亿元的最多不超过 10 人。

5. 对首次获得上海市软件和信息服务业产业基地（综合类）挂牌的园区企业，给予一次性资金扶持 50 万元；对首次获得上海市软件和信息服务业产业基地（特色类）挂牌的园区企业，给予一次性资金扶持 30 万元。

6. 扶持当年度完成建设的企业信息化应用项目。对当年度完成的

"互联网+"产业发展项目,根据项目的市场推广价值、行业示范作用、技术研发水平、社会经济效益等进行评审,根据评审结果,按立项企业项目投资总额(经第三方评估确认总额)给予1∶0.5匹配,不超过50万元。

7. 对申报上海市软件与集成电路专项发展资金项目,并成功获得立项的软件类产业项目的企业,按照以下标准给予配套扶持。一般项目:按照1∶0.5给予配套扶持资金,不超过100万元;重大项目:按照1∶1给予配套扶持资金,不超过1 000万元。

8. 针对以移动互联网、大数据、物联网、云计算、人工智能等新一代信息技术(含软件与信息服务)为主要业务发展方向,获市级项目立项,按照1∶0.5给予配套扶持资金,不超过300万元;获国家级项目立项,按照1∶1给予配套扶持资金,不超过500万元。

9. 对获得上海市市级首版次软件产品专项资金支持产品的企业,按市级立项的扶持资金给予1∶0.5匹配,不超过50万元。

10. 对申请CMM/CMMI3、CMM/CMMI4和CMM/CMMI5(软件能力成熟度模型)级认证的企业,经相关部门审查后,分别给予资金扶持30万元、60万元、90万元。

11. 对纳入规模以上统计的企业,经核定的上一年度R&D投入同比增长达200万元及以上的,按其上一年度R&D投入增量的3%给予企业核心管理团队不超过50万元的资金扶持。

12. 对开展并申报软件和信息服务领域行业性试点示范区建设的企业,按国家级、市级、区级,分别给予一次性资金扶持100万元、60万元、30万元。

13. 经主管部门认定,对荣获国家级创新中心、研究中心、实验室、服务平台、创新基地等的企业,区财政根据立项单位财政资助资金给予1∶0.5匹配支持,不超过500万元。

14. 对员工数不少于30人软件行业标杆企业总部,经主管部门认定后给予资金扶持不超过500万元。对软件和信息服务业领域的行业组织(包括协会、学会、中心、实体性联盟、标准化组织、研究院所等):按国际性、国家级、市级分别给予资金扶持100万元、60万元、30万元。

15. 支持EDA软件购买和研发。

对购买EDA设计工具软件(含软件升级费用)的企业并实际在青浦区内开展办公研发的企业,按照实际发生费用的50%给予不超过200万元的资金扶持。

对在青浦区从事集成电路EDA设计工具研发的企业,按照年度EDA研发费用的50%给予不超过3 000万元的资金扶持。

第十条 文创旅游

1. 支持优质文化创意产业项目。对当年度市级文化创意产业发展财政扶持资金支持的项目,按市级政策规定比例给予配套支持;对通过区级文化创意产业资金初审,但未获得市级认定支持的项目,将根据区级评审结果,确定一批区级独立支持项目(10家),并按项目核定总投资的20%给予不超过100万元的资金扶持。

2. 支持重大文化创意活动。鼓励市级及以上的重大文化创意活动落户青浦,经认定,按不同类别和影响力,根据投资额的50%给予运营主体不超过100万元的一次性资金扶持。

3. 支持文化创意产业园区、楼宇、空间能级提升。经认定为国家级(示范)园区、楼宇、空间的,分别对经营管理主体给予一次性资金扶持200万元、180万元、150万元;经认定为市级(示范)园区、楼宇、空间的,分别对经营管理主体给予一次性资金扶持100万元、80万元、60万元;鼓励区级文化创意产业园区、楼宇、空间创建,经认定为区级(示范)园区、楼宇、空间的,分别对经营管理主体给予一次性资金扶持60万元、50万元、40万元。

4. 支持文化创意企业发展。经认定为文化创意企业的,给予一次性资金扶持 20 万元。

5. 支持创意产业项目和原创作品创先争优。对获得国际级、国家级、省市级资金支持的创意产业项目及原创作品,经认定后,以企业为单位根据获得的奖励等第(金银铜奖、一二三等奖)分别给予一次性资金扶持 60、50、40 万元,40、30、20 万元,20、15、10 万元。

6. 支持旅游产业创新发展。对旅游企业在发展房车旅游、水上旅游、会展旅游、低空旅游、研学旅游、乡村民宿旅游、康体养老旅游等新兴旅游业态和旅游演艺、体育旅游、文化旅游、旅游综合体等旅游融合项目中涉及的旅游配套设施建设,经认定,按该项目总投资金额的 30% 给予不超过 200 万元的资金扶持。

7. 支持旅游形象提升。

(1) 对新评定为国家 5A、4A、3A 级景区(点)的,经审核挂牌后,分别给予一次性资金扶持 200 万元、100 万元、50 万元。对通过国家 5A、4A、3A 级景区(点)评定性复核保留相应等级的,分别给予一次性资金扶持 50 万元、30 万元、10 万元。

(2) 对新评定为国家级旅游度假区的,经审核挂牌后,给予一次性资金扶持 300 万元;对新评定为国家生态旅游示范区的,经审核挂牌后,给予一次性资金扶持 100 万元。

(3) 对由国家文化和旅游部、中国旅游协会等机构新评定为国家级旅游品牌的,经审核挂牌后,按等级高低,分别给予一次性资金扶持 50 万元、30 万元、20 万元;对由上海市文化和旅游局、上海市旅游协会等机构新评定为市级旅游品牌的,经审核挂牌后,按等级高低,分别给予一次性资金扶持 10 万元、8 万元、5 万元。

(4) 对新评定为国家五星级、四星级、三星级旅游饭店的,经审核挂牌后,分别给予一次性资金扶持 200 万元、100 万元、50 万元。对通过国家五星级、四星级、三星级旅游饭店评定性复核的,分别给予一次性资金扶持

50万元、30万元、10万元。

（5）对新评定为国家金叶级绿色饭店、银叶级绿色饭店的,分别给予一次性资金扶持20万元、10万元。

（6）对新引进的全球酒店集团10强、中国饭店业集团5强等著名集团,按照五星级标准建设,正式以该集团高端酒店品牌冠名,并且管理期限在5年以上,开业在3年以上的酒店,分别给予一次性资金扶持50万元、30万元。

（7）对新评定为上海市5A、4A、3A级旅行社的,分别给予一次性资金扶持20万元、10万元、5万元。对通过上海市5A、4A、3A级旅行社评定性复核的,分别给予一次性资金扶持5万元、2万元、1万元。

（8）对新评定的全国百强旅行社,经审核后给予一次性资金扶持10万元。

（9）对境外知名品牌旅行社、全国百强旅行社、上海市5A级旅行社总社落户青浦或设立分支机构,经营满3年以上且旅游业务营业收入达到500万元的,分别给予一次性资金扶持50万元、30万元、20万元。

（10）对新评定为上海市五星级、四星级、三星级乡村民宿的,分别给予一次性资金扶持30万元、20万元、10万元。已评定的上海市五星级、四星级、三星级乡村民宿通过复审保留相应等级的,且之前未享受过上述资金支持的,按照新评定扶持标准给予一次性资金扶持30万元、20万元、10万元。

（11）对新评定为国家3A、2A、1A级旅游厕所的,分别给予一次性资金扶持20万元、10万元、5万元。对获评为上海最美厕所的,给予一次性资金扶持2万元。

8. 支持旅游市场开拓。

（1）对开发和销售青浦旅游线路（产品）并取得较好市场效果的前10家旅行社,按照接待区外、境外（含港澳台地区）人数、营业收入和逗留时间等指标进行综合评分,且招徕区外、境外客源实现旅游收入高于其申请资金扶持额度,对综合评分85分(含85分)以上、70分至84分、60分至69分的,分别给予一次性资金扶持15万元、10万元、8万元。

(2)对旅游饭店年接待区外、境外(含港澳台地区)住宿游客人数累计达到10万人次、6万人次、4万人次以上的,分别给予资金扶持10万元、6万元、4万元。

(3)对旅行社、旅游饭店招徕旅游类会务、品牌展会、产业论坛等活动,单次会议消费达30万元(含)以上的,按会议消费额的3%给予每家单位每年不超过50万元的资金扶持。

9. 支持旅游商品开发销售。

(1)对开发具有青浦本地特色的旅游商品(纪念品)的旅游相关企业,在全国旅游行政主管部门或旅游协会主办的旅游商品(纪念品)设计评比中获得特等奖、一等奖、二等奖、三等奖的,分别给予一次性资金扶持15万元、10万元、5万元、3万元;在市旅游行政主管部门或旅游协会主办的旅游商品(纪念品)设计评比中获得特等奖、一等奖、二等奖、三等奖的,分别给予一次性扶持10万元、5万元、3万元、1万元。

(2)对于具有青浦本地特色的单类旅游商品(纪念品),已获得国家专利,并在本区3A级以上景区(点)、旅游饭店内和大中型商场内有固定销售点且年销售总额达到20万元(含)以上的,按年销售总额的10%给予不超过10万元的资金扶持。单个企业不得连续2年以上享受上述扶持。

(3)对积极开发青浦名特优土特产品的旅游相关企业,其开发的产品经市级以上旅游部门或旅游协会评选为上海市名特优土特产品的,给予该企业资金扶持5万元;经区级旅游部门或旅游协会评选为青浦区名特优土特产品的,给予该企业资金扶持2万元;对同一产品在获得区级资金支持后又获评市级称号的,给予该企业差额资金扶持3万元。

10. 支持旅游公益设施建设。对景区新建或改建的旅游公共信息服务体系、旅游交通服务、游客安全保障、旅游便民惠民体系等旅游公共设施建设项目,竣工且投入使用的,经认定,按项目总投资额的30%给予不超过200万元的资金扶持。

11. 支持重大旅游活动举办。对连续3年以上组织举办或参与市级重大旅游节庆活动的旅游类企业,按活动总费用的30%给予不超过50万元的资金扶持;对连续举办3年以上的区级特色旅游节庆活动,根据其活动的品牌影响力、经济和社会效益等指标,经认定,按活动总费用的30%给予不超过20万元的资金扶持。

第十一条 金融服务

1. 支持金融机构集聚发展。

(1) 对在本区新设立或新迁入的银行、证券、保险、信托等金融机构总部及其专业子公司,根据实缴资本给予一定扶持,其中实缴资本在人民币3亿元(含)以下的部分,按照3%给予扶持;超过3亿元的部分,按照2%给予扶持;扶持金额累计不超过2 500万元,自企业注册登记或迁入后,经认定分三年按4∶3∶3的比例予以拨付。

(2) 对在本区新设立或新迁入的融资租赁公司,根据实缴资本给予一定资金扶持,其中实缴资本在人民币3亿元(含)以下的部分,按照2%给予扶持;3亿元至10亿元(含)的部分,按照1.5%给予扶持;超过10亿元的部分,按照1%给予扶持;扶持金额累计不超过2 000万元,自企业注册登记或迁入后,经认定分三年按4∶3∶3的比例予以拨付。

(3) 引导基金企业发展:对在本区新设立或新迁入的私募及公募基金公司,从事股权投资等业务的,根据企业首次申请时实际到位资金的规模,给予资金扶持。对实际到位资金1亿元至5亿元(含5亿元)、5亿元至10亿元(含10亿元)、10亿元至30亿元(含30亿元)、30亿元以上的,分别给予资金扶持100万元、200万元、300万元、500万元。基金管理企业,根据首次申请时募集资金的规模,给予资金扶持。对募集资金1亿元至5亿元(含5亿元)、5亿元至10亿元(含10亿元)、10亿元至30亿元(含30亿元)、30亿元以上的,分别给予资金扶持100万元、200万元、300万元、500万元。对青浦金融业发展具有重大意义的,加大资金扶持力度。上述资金规模,投资一级市场的按实际到位资金计算,投资二级市场的按产品规模计算,自企业注册登记或迁入后,经认定分三年按4∶3∶3的比例予以拨付,同一基金管理人或基金公司不重复享受(存量项目按5∶3∶2的比例予以拨付)。

(4)引导保理企业发展:根据保理企业首次申请时实际到位资金的规模,给予资金扶持。实际到位资金0.5亿元至5亿元(含5亿元)、5亿元至10亿元(含10亿元)、10亿元以上的,分别给予资金扶持100万元、200万元、300万元,自企业注册登记或迁入后,经认定分三年按4∶3∶3的比例予以拨付(存量项目按5∶3∶2的比例予以拨付)。

(5)扶持小额贷款公司发展:对新设立小额贷款公司给予一次性开办扶持20万元。

(6)新购建或租赁自用办公用房补助。

对在本区新设立或新迁入的金融机构及其专业子公司给予购房、租房扶持:按不超过建设成本、购房房价的10%给予不超过100万元的一次性购房扶持。对租赁自用办公用房,租赁期限在十年以上的,按年租金的30%给予三年租金扶持,每年不超过50万元;租赁期限在十年以下,五年以上的,按年租金的20%给予三年租金扶持,每年不超过30万元。

2. 支持科技金融深度融合与金融改革创新试点。

(1)加快示范区金融集聚区建设,对注册在"青浦创新基金产业园"的基金类企业,按照财政收入区得部分的90%进行财政扶持。

(2)鼓励金融机构扩大绿色金融融资规模。对年度新增绿色金融融资规模达到10亿元以上,且新增融资额占本系统全区总量10%以上的区内地方法人金融机构,给予一次性奖励50万元。

(3) 支持绿色金融专营机构建设。对经监管部门批准设立或认可的绿色金融事业部(业务中心)、绿色金融专营分支行等专营机构,给予单家机构一次性奖励50万元。

(4) 支持绿色金融中介和研究机构建设。对具有参与全国金融市场推荐、评级、咨询、交易等服务资格,或其服务得到全国金融市场主体广泛认可的绿色金融中介组织和研究咨询机构,在青浦新设或迁入的,一次性奖励50万元。

(5) 支持探索绿色企业贷款保证保险试点,对区内参保企业投保环境污染责任险等绿色保险服务产品的,按照不超过保费的20%予以补助,单个企业当年补助不超过3万元。

(6) 鼓励、支持商业银行等金融机构在数字货币试点、普惠金融等领域开展创新突破,完成应用场景创新试点的,对试点团队给予单个项目奖励5万元,奖励资金的使用分配方案由金融机构自行制定。

3. 对于总部型金融机构及其专业子公司、具有较大创新意义的科技金融企业,以及基金规模在全国排名前30的基金公司等行业内领先或专属性较强的金融机构,采取"一事一议"方式予以扶持。

第十二条 其他服务业

(一) 支持新兴及专业服务业发展

1. 扶持领域。重点支持数字经济、电子竞技、直播电商、专业服务业(律师事务所、会计事务所、知识产权服务、科技中介服务、人力资源服务机构)等。

2. 扶持内容。

(1) 开办资助。经认定符合以上新兴及专业服务业领域的主体公司落地,公司实缴资本达到1 000万元、3 000万元、5 000万元、1亿元、3亿元及以上的企业,落地一年后按以上行业主营收入达到规上服务业标准的,分别给予一次性开办扶持40万元、60万元、100万元、200万元、300万元。

(2) 购(租)房资助。对经认定新设立或者迁入青浦区的新兴及专业服务业企业,租赁自用办公用房,租赁期限在三年以上(含),按年租金的30%给予每年不超过60万元的租金扶持,可连续申报3年;购建自用办公用房的,按购建办公用房总价的10%给予不超过200万元的一次性资金扶持。

(3) 投资资助。对实际投资额在300万元以上的服务业企业设施改造提升项目,按实际投资额5%给予不超过100万元的资金扶持。

(4) 规模化发展。对经认定的上年度主营业务收入首次突破1亿元、5亿元、10亿元的企业,分别给予一次性资金扶持100万元、300万元、500万元。

(二) 支持楼宇经济发展

1. 扶持对象。符合区域产业发展规划和土地出让合同约定;可租赁面积5 000平方米及以上,具有招商功能,具有独立招商运营管理团队或整体委托本区开发园区或经济小区统一招商运营管理,实施租税联动等机制;企业入驻率、属地注册率和纳税率均达到70%及以上的办公楼宇。

2. 认定扶持。自运营后单位面积年税收产出达到1 000元/平方米(总税收/总建筑面积)或有效单位面积年税收产出达到2 000元/平方米(总税收/已租出面积)的,按照年税收总量认定重点楼宇和示范楼宇。其中属地年税收超过5 000万元的认定为区重点楼宇,属地年税收超过1亿元的认定为区示范楼宇。分别给予30万元和60万元的认定扶持。

3. 运营扶持。楼宇内服务业企业年度属地税收首次达到3 000万元至1亿元的,给予楼宇运营主体税收金额1%的一次性扶持;对属地年税收达到1亿元至5亿元时,以1亿元为基数,增量部分按1.2%的比例给予一次性扶持;对于属地年税收贡献超过5亿元的,以5亿元为基数,增量部分按1.5%的比例给予一次性扶持。

4. 引进重点企业扶持。对于引入独角兽企业或瞪羚企业入驻楼宇的,每引进一户给予楼宇运营团队奖励10万元,年度累计奖励不超过100万元。

(三)支持体育产业发展

1. 支持社会企业、组织投资新建或改建体育健身设施。对投资额在 50 万元以上,且室内建筑面积 800 平方米或室外健身场地 1 200 平方米以上的健身设施(包括政府无偿提供土地),按新建改建投资成本总额的 20%给予不超过 500 万元的资金扶持。

2. 支持社会经营性健身设施向市民公益性开放。凡具备公益性开放相关规定,实际开放场地单体面积在 500~1 000 平方米的扶持 10 万元,每增加 500 平方米增加扶持 5 万元,累计扶持金额不超过 30 万元。

3. 支持社会企业、组织举办具有城市影响力的体育赛事活动。凡在本区内举办各级、各类体育赛事、论坛等活动,经认定,国际级(洲际)体育赛事活动,扶持 400 万元;国家级的的体育赛事活动,扶持 300 万;长三角地区的体育赛事活动,扶持 200 万元;市级体育赛事活动,扶持 100 万元。对入驻青浦的重量级电竞俱乐部、战队,在经认定的世界顶级电竞比赛中获得优异成绩,给予其 300 万元的奖励。电竞俱乐部在本区注册职业运动员达 6 名以上,经评定,可给予俱乐部每年 60 万元的扶持。

4. 凡被评为国家级体育产业示范基地、示范单位、示范项目的企业或组织,以相关正式文件为依据,分别给予 50 万元、30 万元、20 万元的一次性奖励;凡被评为中国体育旅游精品项目(景区、目的地、线路、赛事)及市级体育产业示范基地、示范单位、示范项目的单位,分别给予 30 万元、20 万元、10 万元的一次性奖励。对开展体育经营活动年营业额达到 300 万元的企业、组织按年营业总额的 1%给予不超过 50 万元的资金扶持。对注册满一年的新引进知名品牌体育企业,经认定公司实缴资本达到 1 000 万元、3 000 万元、5 000 万元、1 亿元、3 亿元及以上的,分别给予 40 万元、60 万元、100 万元、200 万元、300 万元的一次性开办扶持。

(四)支持服务业企业质量和品牌发展

1. 对首次通过国家产品质量监督检验中心认定的检验检测机构,给予一次性资金扶持20万元。对获批筹建国家级、市级产业计量测试中心的单位,分别给予一次性资金扶持30万元、20万元;验收通过后,再分别给予一次性资金扶持30万元、20万元。

2. 对获得中华商标协会评定的优秀商标代理机构,给予一次性资金扶持20万元。对获得上海市商标品牌协会评定的优秀商标代理机构,给与一次性资金扶持10万元。

第三章 程序性安排

第十三条 操作流程

成立区现代服务业发展专项资金评审小组,召开评审会议对企业申请项目进行评审。评审小组常设成员单位为:区商务委、区发改委、区经委、区文旅局、区科委、区财政局、区市场监管局、区体育局、区税务局等部门,必要时评审小组可以邀请其他有关部门、单位或行业专家参加评审。评审小组下设办公室,设在区商务委。

1. 准备资料。含申请表、营业执照复印件、相关资质认证或评定证书复印件以及主管部门要求提供的其他资料,以上申报资料一式三份,行业主管部门、区财政局和推进办各留一份。

2. 申请。企业根据行业主管部门官方网站或者青浦区产业发展专项资金申报和服务平台发布的通知要求,进行纸质和网络申报。纸质申报根据要求填写《青浦区加快现代服务业高质量发展政策扶持申请表》(见附件,以下简称《申请表》),企业直接提交至产业主管部门;网络申报登录青浦区产业发展专项资金申报和服务平台(http://cyfz.shqp.gov.cn/),点击进入主管部门公布的项目申请链接,在线填写及上传资料,经街镇、区级公司对电子材料进行审核,若街镇、区级公司对企业申报材料有异议,及时向产业主管部门反馈意见。

3. 复审。行业主管部门收到企业《申请表》后1个月完成初审及网络批转,并将有关资料提交评审小组办公室。

4. 评审。现代服务业发展专项资金评审小组召开评审会议,联合评审经复审通过的项目。

5. 公示。经评审通过的项目须在行业主管部门官网或青浦区产业发展专项资金申报和服务平台上向社会公示。

6. 审批。经评审通过且公示无异议的项目,报青浦区产业发展协调推进办公室审批。通过后由区财政局按规定拨付资金。

7. 行业主管部门、区财政局对拨付的专项资金使用情况进行监督。

第十四条 不予安排或暂缓使用本专项资金

1. 有下列情形之一的,不予安排使用本专项资金。

(1) 提供虚假、伪造申报材料的。

(2) 申请单位近两年因违法违规行为被执法部门查处,且经产业部门评审后认定不予扶持的。

(3) 存在拖延验收情形且情节较为严重的。

2. 申请单位近两年因违法违规行为被执法部门立案,正在接受调查的,暂缓使用本专项资金。

3. 上级或相关文件有明确规定的从其规定。

第十五条 其他事项

1. 对本区现代服务业发展有显著引领促进作用的项目可采取"一事一议"方式予以扶持。

2. 企业享受本实施细则相关扶持政策时,若同时可享受国家、市以及其他区级政策的,则在享受国家、市以及其他区级政策之后,按"就高不就低"、"差额补足不重复"的原则执行本实施细则。

3. 项目组织评审、验收、绩效评价等管理费用,原则上在专项资金总额中按不超过2%据实安排。

4. 享受本扶持政策的新设企业,原则上从享受政策年份起十年内不得迁出本区。

5. 现代服务业领域人才支持按照《关于推动人才高质量发展服务长三角生态绿色一体化发展示范区建设的若干意见》政策执行。

6. 本实施细则现代物流、会展会务、现代商贸、电子商务、其他服务业条款部分和相关附则由区商务委负责解释,软件信息条款由区科委负责解释,文创旅游条款由区文旅局负责解释,金融服务条款由区发改委负责解释,其他服务业条款中体育部分由区体育局负责解释,质量和品牌发展由区市场监管局负责解释。

第十六条 施行日期

本实施细则自 2021 年 1 月 1 日施行,有效期至 2025 年 12 月 31 日。

附件:《青浦区加快推进现代服务业高质量发展政策项目申请表》

附件(2)

编号＿＿＿＿＿＿

青浦区　　年度加快推进现代服务业高质量发展政策

项目申请表

行　业　类　别：＿＿＿＿＿＿＿＿＿＿＿＿＿＿

项　目　名　称：＿＿＿＿＿＿＿＿＿＿＿＿＿＿

申　报　单　位：＿＿＿＿＿＿＿＿＿＿＿＿（盖章）

法 定 代 表 人：＿＿＿＿＿＿＿＿＿＿＿＿＿＿

联　　系　　人：＿＿＿＿＿＿＿＿＿＿＿＿＿＿

联　系　方　式：＿＿＿＿＿＿＿＿＿＿＿＿＿＿

附录3

一、申报单位基本情况

单位名称						
单位地址		电话		传真		
单位网址		电子信箱		邮编		
单位性质		经营范围		注册时间		
开户银行		账号		信用等级		

二、项目基本情况项目性质

项目名称	
项目负责人	电话
项目单位联系人	电话
传真	电子邮件
申请资金分类	□现代物流　□会展服务　□现代商贸 □电子商务　□软件信息　□文创旅游 □金融服务　□其他服务业
申请依据条款	
项目主要内容	

续　表

三、项目资金情况(万元)

1. 计划投资总额					
2. 投资来源	市级资金	区级资金	自筹	银行贷款	其它
3. 申请资金					

申报单位真实性承诺：
1. 申请人按相关法律、法规要求申请政策支持，已经完全知晓行政机关告知的全部内容。
2. 申请人递交认定机关的所有文件真实、有效、完整，符合中华人民共和国法律、法规，填写的信息与真实内容完全一致。
3. 以上如有不实或欺骗审批机关的行为，申请人（包括接受委托的中介机构）承担一切法律责任。

法定代表签章：

年　月　日

行业主管部门意见：

签章：

年　月　日

评审小组审核意见：

签章(代章)：

年　月　日

青浦区商务办公室　　　　　　　2021 年 7 月 15 日印发